創意思考問題面面觀

黃炳煌　著

愛因斯坦曾說：

「人只有改變對困境的看法，才能找到衝出困境的方法和作法。」

自序

自從二〇〇五年離開淡江大學教育學院之後，已陸續出版了四本書：一、杏壇老頑童——黃炳煌的眞與諍（二〇〇七）；二、教育物語（二〇〇九）；三、人間偶拾（二〇一〇）；四、喔，原來如此！——漫談閩南語的美與優（二〇一二）。

前年十月出版「喔，原來如此！——漫談閩南語的美與優」一書後，本以爲已經江郎才盡，應該要封筆了。沒想到，二〇一二年底，我在臺北市教師會館舉行的「臺北市臺中師範校友會年會」所作的一場演講，卻打破了我原想「徹底從作者、教導者的第一線，退到讀者、學習者」的生涯規劃，眞所謂計畫趕不上變化！

我當時的演講題目即爲本書的題目——「問題面面觀」，全程約三、四十分鐘。演講的時間雖短，卻激起相當大的回響。當演講一結束，在座原本已經致過詞的中師校友黃昆輝博士（現任臺聯主席），重回講臺補充發言，他說：「此一演講給人啓發良多，實因黃炳煌學長聰慧機敏，學養深厚，人生歷練豐富所致。」而在散會前，也是校友的五南圖書出版公司董事長楊榮川先生，特地來到我面前，對我說：「炳煌兄，你這場演講太精彩了，但你只講給我們在場的一百五十多位校友聽，實在太可惜了。我建議你將它寫成一本書，由我們出版社出版，廣爲宣傳。」

看到楊董事長如此誠懇，在盛情難卻下，我遂答應回去想一想。過了半個月，楊董事長又來電，並到寒舍造訪，研議出書事宜。在雙方認眞的討論下，我終於接受楊董事長的提議，展開撰寫事宜。

在我退休後所出版的幾本書當中，本書是我花費時間最短的一本書，在撰寫過程中，我雖也曾到書店、圖書館尋找問題思考的相關資料，但我找到的資料，多半是屬於管理學及理則（logic）學方面的論述，實在不適合一般大眾，做爲提升思考策略的參考，最後只好回歸到自我發揮。

已七十九歲高齡的我，沒有患老人癡呆症已屬萬幸，居然還敢出版問題面面觀這類書籍，來教導別人，可說太不自量力！如衆所知，對當前臺灣社會最嚴重的指控之一，便是「理盲濫情」這句話。我衷心期盼，本書的出版對於我國社會所患的此一沉疴，能起一些振聾啓聵的作用，果能如此，則我個人幸甚，社會國家幸甚！

最後必須一提的是，筆者在撰寫本書的過程中，再度請出與筆者默契十足的作家魏柔宜小姐，提供編修方面的協助；而在編輯出版方面，五南圖書出版公司董事長楊榮川先生及其工作同仁，也給予筆者充分的協助與配合，在此一併致上謝忱。

目次

前 言

俗語有句話說：「人生不如意事十常八九。」我不知每個人的人生是否眞是如此？但我們若把人生界定爲：「它是一個不斷發生問題、解決問題的歷程。」大概沒有什麼人會反對。比如說：「肚子餓了（這就是問題）、要吃飯（解決問題），但是，到哪兒吃呢？是回家吃或者外食？（這又是問題），如果決定要去餐廳用餐（解決問題），到了餐廳以後，要點什麼菜呢？（這又是問題）……」等到民生問題解決了，又會有別的問題產生……人生就是如此。

解決問題之道，有好幾種說法，第一種是三分法，即「情、理、法」，逐一解決或兼顧。這種分類法稍嫌粗糙；第二種是四分法，即「力」、「利」、「禮」、「理」。

所謂「力」就是制之以力，用暴力或武力解決問題，這是人類以外其他動物最常用來解決問題的方法，如強凌弱，大吃小；「利」則是指誘之以利，給對方一點甜頭或利益，讓對方掉入陷阱。這種方法有些動物也會用，此法比制之以力高明些，因爲它不會直接攻擊對方，且讓卸下心防。

第三個方法「禮」，並非指送禮，因爲送禮就是以利誘之。「禮」是動之以情，以低姿態向對方求助，甚至下跪或道德勸說。最後一個「理」，是指訴之以理，透過理性或理智解決問題。我認爲這是解決問題最文明的方法。所謂的民主法治，就是希望透過「理」解決問題。

當然，這是大略的分類法，其他如宗教、音樂、科學等，也能夠解決某些生、心理方面的問題。我在本書「問題面面觀」，所提的解決問題之道，乃偏向從理性層面分析問題、解決問題。

依我長期的觀察，國人思考問題，常採正面看而不會反面看；單面看而不會多面看；表面看而不會往內看；直線看而不會迂迴看。因此很難找到問題的癥結所在，從而順利解決問題。

時下最流行的一句話是：要正向看待問題。這裡所謂的「正向」，應該是英文的「positive」。「positive thinking」與其翻譯成「正向思考」，不如翻譯成「積極性思考」來得合宜。（所謂「積極性思考」，即創造性、多元化思考。）

我看問題很少採正向看的方式。例如：對於開放陸生來臺就讀大學，畢業後准其留臺工作這個問題，大多數國人皆持反對態度，認爲這麼做會影響到國內青年入大學及畢業後找工作的機會。但我個人卻持相反的看法，我認爲讓陸生來臺就讀甚至就業，就長期而言，應是利多於弊。要不然，爲何像香港、新加坡、日本，甚至歐美各國，都歡迎大陸留學生（尤其是成績優秀者）前往就讀。根據近日報導，新加坡對優秀的大陸留學生，不但給予免學費，甚至全額獎學金及生活補助，並要求他們畢業後留在新加坡工作三年。

可見這些國家對於大陸留學生的問題，抱持著「放長線釣大魚」的長遠眼光，頗令人欽佩。

關於我不採正面看待問題這件事，有兩個很好的比喻：一是、當你回到家門口，準備打開大門時，卻發現隨身攜帶的鑰匙不見了。這時你會如何解決？方法有各式各樣，但是大多數人都會找鎖匠來開鎖。鎖匠帶來的並不是你家的鑰匙，而是一個百寶箱，裡面有螺絲起子、鐵絲、扳手等。鎖匠用這些工具三兩下打開大門。這讓我想到，即使沒有鑰匙，還是能用其他工具把門打開。同樣地，我不採正面看，而採用多面向的思考，也能夠找到解決問題之鑰。

第二個例子是：當我們去拜訪親友時，大概都會從正門進入，如果敲敲門沒有回應，大多數人大概就會掉頭離開。我想提醒的是，你敲過側門、後門了嗎？四面八方都試過了以後，若還是沒有回應，你才能確定對方不在而離開吧！

第一章　造成國人重「答」不重「問」的原因

解決問題的歷程大致分成三個步驟：一、察覺問題；二、界定問題；三、分析問題；四、解決問題。大約二十年前左右，以領導波蘭碼頭工人與政府抗爭，而當選總統的華勒沙（Walesa），來臺訪問數天後，臨別時，在記者會上，有位記者問他：「您這次訪臺，對臺灣最深刻的印象是什麼？」華勒沙總統想了一下說：「你們臺灣人所問的問題，總是比我的答案長。」他的意思是，臺灣的人不擅於問問題，問的問題多半是不著邊際，抓不到重點。

何以至此？孰令致之？以我長期的觀察與思考，國人之所以重答不重問的原因有下列幾種，茲分述之：

一、文化因素

在我們的語言文化當中，充斥著許多不鼓勵甚至貶抑發問或發言的言詞，如：「言多必失」、「禍從口出」、「智者不言」、「民可使由之，不可使知之」、「沉默是金」、「少言少語口業」（淨空法師）；閩南語也有「囝仔有耳無嘴」、「有樣看樣，無樣家己想」的說法。

二、政治因素

長久以來，華人受威權專制統治，百姓被馴服成順從、守法等保守性格，而未養成爲爭取自己的權益而辯護，甚至挑戰權威的積極性格。這可以從古代的文字獄窺知一二。據說，清朝某位書生寫了兩句話：「清風不識字，何必亂翻書。」被清朝政府認爲「清」字是在諷刺滿人不學無術。結果那位書生就因爲這兩句詩而入獄。另外還有一個例子，某位文人在其文書上出現「維止」二字，被認爲隱含了要砍「雍正」的頭而入獄；而臺灣在五十年代也出現過「白色恐怖」。因爲這些緣故，老百姓養成噤若寒蟬、默不作聲的消極態度。

三、教育因素

即使到現在，我們的莘莘學子，仍然受到扭曲的升學主義與考試制度的桎梏，而無法充分展現自我。比方說，我們的考試一直在強調標準答案，學生一拿到考卷，首先想到的是正確答案是什麼？而不會思考這個問題主要是在問什麼？老師爲了趕進度，也不會問學生問題，免得進度落後；也有可能是老師的專業素養不夠，或缺乏自信，深怕學生問的問題，自己答不出來，因此不鼓勵學生提問。

有關老師應該扮演的角色，最常被引用的一句話，即韓愈所說的：「師者，所以傳道、授業、解惑者也。」但我覺得，光是這三項還不夠。一個眞正優秀的老師，除了能「解惑」（解答學生所問的問題，或解決其困惑）之外，最重要的還要能「起惑」——引發學生在無疑處生疑。

數十年前，臺灣省立板橋教師研習會（現今國家教育研究院的前身），在該會顯著處掛著一個標語，上面寫著：「帶問題來，帶答案回去。」我個人認爲，受訓的老師如果只會帶答案回去，那就不算是一個成功的訓練；眞正成功的訓練，應該是帶問題來，帶更多的問題回去思考，也就是培養發現問題的能力。

四、心理因素

學生不敢問問題或不願問問題的原因可能是，怕被人笑自己問的是笨問題，或是怕耽誤了別人的時間。

第二章 解決問題之道

美國早期的「知覺心理學家」（Perceptual psychologists），曾把他們的基本理念，濃縮成如下的公式：B = f (P)。這裡的「B」代表「behavior」，「P」代表「perception」，「f」代表「function」。以中文來解釋就是，個人的行爲會隨著個人的知覺而改變。簡言之，有什麼樣的看法，就有什麼樣的做法。以下逐一介紹我如何看待問題，如何解決問題。

一、從定義（概念）看

所謂從「定義」看，係指解決問題時先把問題最核心的概念抽離出，仔細思考此概念的眞正意涵，然後與問題相對照。經過對照，即可找出解決方案。

例1、實驗

早年周錫偉當新北市長時，曾推動一項重大的教育方案——新北市國民中小學活化課程實驗計劃。在此之前，新北市國民中小學和其他縣市之國民中小學一樣，星期三下午都沒有排定正式課程，而讓各校自行安排非正式的教學活動。但是，周縣長爲了提升學生未來的國際競爭力，要求各校將該時段轉爲專供英文教學之用。

周縣長的立意雖佳，卻引來諸多家長與教師抗議。他們認爲，並非每個學生的興趣、需求與能力都相同，爲何只能學英文？

後來，此一爭議弄得愈來愈大，逼得教育部不得不插手處理。有一天，我接到教育部的開會通知，希望聽取學者專家的意見，以期妥善解決此一問題。

進了會議室之後，我再度端詳了一下開會的主旨：「新北市國民中小學英語活化課程教學實驗計劃之適法性探討」，僅看到「實驗」兩個字，我心中就已經浮現出解決方法。

開會的一般程序，首先是說明開會的緣由，及問題的來龍去脈，然後請與會者發表意見，供他們作爲下決策的參考。

經過一番正反兩方的論述之後。我才說：「要解決教育問題，首先應該從教育問題背後的理念與理想切入，其次才去考慮其所牽涉到的法律問題。今日開會的主題是適法性的探討，但我不是法律學者，因此無法對『適法性』部分提出什麼高見。但若以教育學者的身分，我至少可以從教育理念的觀點探討此問題。

今天我們討論的問題重點就在『教學實驗』這四個字。在我看來，『實驗』這個概念，至少包含兩個特質。第一，一個眞正的實驗，參加者應該都是自願，而非被迫的；其次，實驗應該是局部進行，而不能一開始就全面實施。

請問今天代表新北市教育局出席的先生女士，你們所擬的實驗計劃，有沒有符合這兩項特質？」

教育局的代表聽了我的質詢之後即回答說：「有啊！我們的計劃是由全縣的國民中小學自願申請參加的，我們並未強迫。」

我聽了接著說：「就學校的層次而言，你們確實是採行自願參加的方式，但若該校獲准參與之後，是否就要求全體學生都要參加？」教育局代表點頭承認。「既然此計劃是強迫所有學生參加，那根本就不符合實驗的兩個特質：自願和局部。因此，我建議教育部退回此一實驗計劃，並要求該縣重擬眞正符合實驗精神的教學計劃，再送教育部審查。」聽到我這番申論，主席點頭稱是，並徵得出席者的同意後，不再探討此一方案，而就其他相關教育議題繼續交換意見。

例2、何謂「正常」？

臺灣社會已經進入老年化、少子化的時代。就少子化而言，其嚴重程度已造成一些偏遠地區的學校，學生只剩下一、兩位。縣市政府爲了節省經費，打算把這些學校廢除，並承諾全額補助因換校而增加的所有費用（如交通費）。但是，家長仍堅決反對，其所持的理由是，就近進入國民中小學接受教育，是人民的基本權利。

經過幾次協商，仍無法說服家長。最後，該縣市政府教育局局長的某位在大學任教的好友，爲其獻策。該教授認爲，此問題若純粹從經濟或法律面著手，很難奏效，倒不如改從教育的觀點去思考其解決方式。

他建議，應該對家長說：「如果一個學校或班級的上課人數，降到一、兩個人時，那麼，學生只有『學習』，而沒有接受到眞正的『教育』。因爲，正常教育應該包括德、智、體、群、美五育。只有一個學生時，他固然可以接受智育、體育和美育，但卻無法接受德育和群育。我們之所以要將你的孩子轉到他校就讀，不是爲了經費的考量，而是爲了要讓你的孩子眞正接受到正常、完整的教育。」

那位原本持反對意見的家長聽了以後豁然開朗，遂欣然接受孩子換校就讀的安排。

例3、質詢

十幾年前，立法院的一次院會中，某位立法委員（目前還是一位鼎鼎大名的文化界聞人），在一次有關國防的質詢中，滔滔不絕地表述其對國防的看法。備詢的國防部長，聽到其中某些話關係到他的情操時，舉手想表達意見，但是該委員卻以「現在是我的質詢時間，你不要插嘴！」不容許他發言。

沒想到，那位備詢的國防部長被他一陣搶白後，竟然無言以對。如果我是那位國防部長，我會這樣應對：「×委員，你說這是你專屬的質詢時間，但是，所謂的『質詢』，應該是有問有答。因此，這段『你專屬的質詢時間』應該包括我回答的時間，我有權利也有義務回答你的問題。不然就變成『你專屬的獨白時間』了。」

例4、讀物

有一次，前行政院新聞局邀請一批學者專家，擬對「中小學讀物」加以審查，並從中選出一批優良讀物，以便推薦給各界。正要展開審查時，有人發現送審的出版物之中，有些是辭書、百科全書、大辭典之類，有些則是屬於學校刊物。於是主席就問審查小組：「這些東西要不要審查？」

輪到我發言時，我隨即提出個人的看法。我說：「辭書、百科全書，應該不屬於讀物，而應歸爲工具書類。」工具書和讀物至少有兩點差異：

1. 時間性：新版的百科全書或辭書一出版，舊版便開始貶值。但是讀物，尤其是優良讀物，像紅樓夢、雙城記等。則是長久爲人所誦讀，不易被時間淘汰。

2. 整全性：整全性是指「書」或「讀物」本身是個「整體」。所謂「整體」有如下涵義：一般而言，「書」是由一個人所獨寫的，即使數人合著，也不失其整體性，讀者常會連貫地讀下去。但辭書的編輯，卻往往須動用千百人，常非一人所獨力完成；且辭書的使用，可依讀者需要，從所欲看的部分看起，甚至只查一個字，便可以擱置下來，故較無整全性。

由此看來，工具書和一般讀物是不同的。我們今天是在審查優良「讀物」，而不是優良「出版品」（工具書最多只能算是出版品），故不應將工具書一併列入審查之範圍。

我講完之後，經過大家表決的結果，一致認為辭書不算是讀物，遂加排除，不予審查。

例5、農產品

早年，有一次前臺北市長許水德，到果菜市場參觀，他只看到青菜和水果，獨不見花卉。於是他就問經理：「爲何不賣花卉？」沒想到經理卻回答：「相關的農產物經銷法規，規定果菜市場只能賣水果和蔬菜。」許市長不以爲然，他反問道：「花卉算不算農產品？如果是，那麼爲何不可以賣？」從那時開始，花卉便在果菜市場上市了。這也是採用從「定義看」，去解決問題的一個好例子。

例6、通識教育

過去，教育部在大力推動「通識教育」時，因許多大學不解通識教育之眞諦以致發生許多問題，甚至鬧笑話。例如：某大學在通識教育課程中，竟開設一門「造船工程概論」的科目。之所以產生如此大的偏差，其主要原因，即在於主其事者根本不知道何謂「通識教育」。

簡單說來，通識教育（亦即通才教育）就是：「做爲一個健全的人，必須具備一些基本知識、技能、情意、態度和理想等。學校爲了培養學生具備這些能力，而爲他們所提供的一切學習活動或經驗，即謂之通識教育。」因爲一個不懂造船技術的人，照樣可以成爲一個健全的人。

另一方面，「造船工程概論」最多只是航海造船學系最基礎、概念性的必修科而已，根本就不是通識教育課程。但是該系如果開一門「航海與文明」的科目，讓一般大學生均能了解到，人類的文明是如何隨著造船和航海技術的進步——由竹筏或獨木舟（靠人力）→小、大帆船（風力）→汽船（火、電力）→核子艦艇（核能），那倒有些通識教育的意味。

因此，在解決問題時，若能將「名詞」（或概念）弄清楚，則必有助於問題的解決。

例7、「凶宅」？

上個月，報載臺北市勞工局公布「線上職災地圖」，打算將發生過工安死亡意外的建築列爲「凶宅」。我看到這個消息後不禁搖頭嘆息，這眞是滑天下之稽啊！凶宅可以是這樣定義的嗎？他殺、自殺說是「凶」，還說的過去，但是把整個建案或整棟建築物說是「宅」，可以說的通嗎？宅應該是指單一的房子或住家（house），整個建案或整棟建築物，應該是building，和house大不相同。怎麼可以將因故死亡的發生地——整棟建築，稱爲「凶宅」？若此案立法通過，將後患無窮。

例8、這哪算是「民宿」?!

最近，因爲齊柏林所拍的紀錄片「看見臺灣」，刷新紀錄片最高紀錄，遂引起朝野對臺灣生態之美麗與哀愁的關注。尤其是內政部的回應最爲積極，先從清境農場的民宿違建問題開始動刀。經過火速清查，結果發現，在總數一百一十五家民宿中，僅有五家合法，其餘一百一十家（違建率百分之九十五點六）皆屬違建。照說，違建即應拆除，但是內政部卻表示，若要全部拆除，從民宿管理辦法中，找不到法源依據。因此迄今未付諸拆除行動。

我認爲，清境農場上建造的那些富麗堂皇的大型旅館，怎能算是民宿？一般說來，民宿應符合下列幾項特徵：

1. 家庭式的經營型態。由屋主家人提供服務，未僱用專職人員負責服務。
2. 接待的客人僅限個位數的散客，而非人數眾多的旅行團。
3. 設備以簡單、樸素爲特色，而非豪華、宮廷式旅館。

4.大部分為免稅。

若將富麗堂皇的大型旅館稱為民宿，當然無法從民宿管理辦法中找到可依據的法源。若改依旅館管理辦法，不知是否就能找到法源？

二、從目的看

解決問題時，若能先將目的釐清，大概就可思過半矣。一個辦法或方案好不好，有無效用？可依此方案是否能達到目標而加以判定。

例1、加考「公民與道德」

現今青少年問題很嚴重，道德教育成效不彰，因此有些人便建議：「高中與大學的入學考試要加考公民與道德。」公民與道德教育固然應予以重視，然而國民道德卻不能用考試的方法來提升。我不認為採取考試的方法可以達到提升國民道德的目標。因為一般而言，唸得愈多，反而實踐得愈少。有個笑話說，一位忙不過來的母親，對女兒說：「小玲，媽媽現在很忙，妳能不能過來幫我洗碗？」沒想到她的女兒竟然回答：「媽，很抱歉，我正在準備明天要考的公民與道德！」

很多學生把公民與道德當作書來讀、來背，然而，分數高就代表道德高人一等嗎？道德教育的教學目標究竟是在背誦教條抑或實踐德行？今日我國教育的一大隱憂便是，我們的學生從小到大，皆認為讀書是為了考試或升學。此種觀念和習慣一旦養成，只要不考試、不升學，便不再讀書。

靠考試來逼學生讀書，就像是靠打嗎啡來振作精神一樣，一旦上癮，如果不再繼續使用，則精神萎靡，振作不起來，這不是很危險的一件事嗎？我們今天所應該做的，不是再繼續為學生打嗎啡，而是逐漸減少嗎啡的份量，最終目標則是：完全擺脫嗎啡，靠其他更佳的方式，或學生自己的力量，來提振他們的精神。

例2、**發展體育的重點如何拿捏？**

目前，我國正在大力提倡體育。記得有一次電視上有場辯論，主題是「應如何推展體育？」有一派主張，我們所推展的運動項目，應選擇不受體型限制而較易得到冠軍的爲主，比如體操、桌球、高爾夫球等。另一派則主張，應全面推展各項運動，而不應分軒輊。

要解答或解決此一問題，可從「提倡體育的目標何在？」這個觀點或角度加以分析。換言之，如果我們是以取得世界冠軍爲目標，則要選擇不受先天體型限制的項目爲主或爲限，例如Golf、撞球、舉重等等；但是如果我們提倡體育的主要目的，是在提升全民的體能，促進全民的健康，則選擇推動國術、籃球與游泳，反而更易普及、有益全民健康。

總之，很多事情之所以發生問題，常是由於目標不明確使然。因此，只要先將「目標」分析和釐定清楚，則問題自然容易解決。

例3、上課點名

一般大學，通常會要求老師上課時要點名，但我個人並不贊成此一措施。我想請問，要求教授點名的目的何在？當然，校方會說，若不點名，學生會翹課。我進一步再問，學生來了又怎麼樣？如果他「人到心不到」，或者與周遭同學聊天，或是自顧自打電腦，不但達不到學習的目的，反而會干擾老師的教學。再說，若老師只靠點名來提高學生的出席率，那麼缺席在外打工的學生，仍然可以僱請「代打者」代爲出席。

總之，靠點名是絕對達不到增進學生學習效果的。我認爲，學校要解決學生缺席的最佳辦法應是，鼓勵甚至要求老師認眞改善其教學內容與方法，以提高學生的學習動機。

例4、請加上「親筆」兩字？

多年前，我到新竹某國立大學，參加該校學報編輯委員會會議。開完會後，該校照例遞給我一張出席會收據要我簽名。當我簽完名交給工作人員時，他卻要求我在姓名後再簽「親筆」兩字。當時我愣了一下，隨後反問他：「難道你沒有親眼看到我親筆寫下『黃炳煌』三個字嗎？爲何還要畫蛇添足寫下『親筆』兩字？」沒想到工作人員說：「這是本校會計室的規定，您若不寫，我恐怕無法交差。」我聽了以後更生氣，說：「是不是我不寫就拿不到錢？如果是這樣，那就算了，我不想多寫那兩個字。」在場的另一位編輯委員，看到此一尷尬場面，緩頰說：「加寫這兩個字不過是舉手之勞，你就別爲難他了。」「唉！……」我搖搖頭，無奈地嘆了一口氣。

我在想，他們之所以這麼做，大概是爲了防範冒領。但我想請問：「多寫這兩個字，就能夠有效防範冒領嗎？」眞要防範冒領，是不是應該一開始即先確定該簽名是否領款人的眞跡？以便事後比對。該校不此之圖，卻想出多寫「親筆」兩字的作法！

這樣一來，任何人都可以先簽下出席者之名，再寫下「親筆」，不就照樣能冒領嗎？換句話說，他們不相信親眼看到的直接證據，反而相信「親筆」兩字的間接證據，這不是太荒唐了嗎？

例5、貴賓席

國內的大中小學，在禮堂舉辦大型表演活動時，都會預留前面一、兩排貴賓席。我個人並不贊成此一做法，而主張應改爲先到先坐的開放做法。但是我明白，一般較傳統、保守的校方人士及老師，不會贊同我的主張。他們會說：「你難道不知道，『敬老尊賢』的讓座行爲是我們的傳統美德嗎？」

我當然知道這個道理，但是我認爲，這種預留座位的安排，絕對達不到培養學生讓座行爲的目標。因爲，所謂「讓」，應該是指已經擁有或有機會得到某事物，卻不據爲己有，而自動轉讓他人。但就預留的貴賓席來說，是禁止學生入座。既然學生不能入座，就沒有「讓座」可言。至於稍後才進來而已無座位可坐的學生，則迫於情勢只好站著，即使有前兩排虛位以待，也不是因爲他們自動讓座，而是按規定不能入座。

如果全國大中小學在辦活動時，都採取此種作法，那麼，所有學生都不曾有過先就座，然後看到貴賓或老師進場時，再自動讓座的機會。這就難怪，他們一出校門，進入社會後，不會自動讓座。

但是有些人還是會擔心，倘若開放所有座位後，學生不讓座給貴賓的話，校方豈不難堪？但我相信，絕大多數的學生還是會讓座。萬一眞的大多數學生都不讓位，那也是好事一樁！因爲，校方總算認識到一個冷酷的事實，即到此爲止的所有道德訓練都是無效的！好在「亡羊補牢，未爲遲也」，還有機會補救、改善。這就如同掀開了漂亮的地毯後，看見底下藏了許多污垢，而終於有機會清除、整理。

例6、迷你銀行（minibank）

很久以前，當時在政大實小就讀的大女兒，有天放學回家向我要五百元。我問她要五百元做什麼？她說，學校設有一個迷你銀行，到了學期結束時，學校會公布學生存款數額，存款最多的人，學校會頒獎給他。

我告訴她，學校這個構想雖然很好，但是，妳應該是把爸爸給妳的零用錢中，沒有用完的三十、五十元拿去存，而不是把零用錢花完了，再另外向爸爸要錢去存。

大女兒聽後回答，我們學校的銀行規定，五十元以下的存款不收。我聽了以後不禁苦笑，這種做法根本就是反教育！

若是一般營利性質的商業銀行，考量到存款數太少，不夠工作人員的處理成本，還情有可原，但是學校設銀行的目的，並不是爲了營利，而是爲了教育，爲了培養學生儲蓄的習慣。學生能夠擁有的錢，不就是三十元、五十元這種小錢，學校若拒收，不是鼓勵學生把零用錢花光光嗎？

此外，學校若以學生的存款數額論功行賞，那麼，有錢人家的子弟，把父母給的高額零用錢花光後，再要一筆高額的錢去存款，那麼，他一定會得到儲蓄冠軍的。這是學校要培養的行爲嗎？

教育最重要的是「過程」（培養儲蓄的習慣）；而不是「結果」（存多少錢）。這種只會助長投機取巧，而不重視教育功能的銀行，不設也罷！

三、從反面看

所謂從反面看，就是一般人所指的逆向思考。當今在勵志他人時，常說的話是：「正向思考」。我認爲，正向思考應該改稱「積極思考」（positive thinking）。但是，當我們在看待或解決問題時，有時候若能逆向思考，反而更能看清或發現問題的癥結所在。

例1、以火攻火

很多年前，大陸東北的大興安嶺，發生了一場大火，政府和民間動用大批人馬，想盡各種辦法，包括噴水、堆沙，從空中灑水，甚至挖濠溝，但都抵擋不了繼續延燒的火勢。正當眾人束手無策之際，一位氣象人員突然心生一計，以反向思考的方式，終於解決了這場浩劫。

他的做法是，算準某一天會有與火勢逆向的大風吹來，於是要求救災人員開闢一道很長的火線，並備好易燃物。當風開始吹來，即點火，最後總算在「以火攻火」（而非傳統的以水攻火）的方式下，成功地遏止了大火。

例2、外語不夠好不能出國留學？

一九七〇年代前，政府的留學政策是，只准許大學以上的畢業生出國留學，而禁止高中生出國留學。我始終覺得，這是不合理的。因此，我利用某次參加行政院一年一度舉行的國家建設會議的機會，請人安排與立法院教育小組委員，與我們這些國建會教育小組的學者專家面對面溝通。

一提及高中生出國留學這件事，官員們都提出諸多反對的理由。其中一個重要的反對理由是：一般高中生的英文程度都不夠好，如何留學？對此我的回應是：「高中生的英文程度的確不夠好，但是，要學好英文是在國內學較有效果，還是在使用英語的國家學習比較有效？再說，英文不好，吃苦的是學生本人，而且，外國學校也會另外安排語文補救課程。政府何必替他們操心？」除此之外，我們也對於他們的一些似是而非的反對意見一一加以點破，最後他們終於認同我們的說法。

過了不久，高中生出國留學這件事，總算有了重大的突破。沿著此思路發展，時至今日，公費留學政策，已經准許留學生不必先在國內通過留學國的語言檢定，即可出國留學，但需先在該國學習語言至少一年。

例3、有飯大家吃 vs. 大家有飯吃

以前，中共常喊「有飯大家吃」的口號，我認爲這句話不夠好。有飯大家吃，但是如果沒有飯呢？那就大家都沒得吃了嗎？較正確的說法應該是「大家有飯吃」，不但要大家有飯吃，而且要大家吃得飽、吃得好，這就是民主主義的理想！

例4、安定中求進步 vs. 進步中求安定

我們又常聽說：「安定中求進步」，這固然不錯，然而當我們的社會進步到某種程度時，可否來個突破，而改採「進步中求安定」的策略？因爲我認爲，「進步」應該是「目標」，而「安定」只是「條件」。

綜觀世局，凡是發生動亂之處，大多爲進步太慢或落後的國家；而只要社會夠進步，人民便會覺得他們確有許多值得珍惜之處，而不會贊成以暴力來解決社會紛爭。進步的社會，難免也會有厲害衝突和吵吵鬧鬧的時候，但那只是如同一年四季當中來襲的風暴，只要大樹的根紮得牢，最多也只是搖晃幾下，甚至摧掉一些枝葉，但仍無法把它連根拔起。

我們常存有一種誤解，認爲跑得太快，易產生動亂，我個人則頗不以爲然。有時速度慢的東西，反而較會動盪。試看，普通的慢車和自強號快車哪一種較會搖晃？又，直昇機和噴射機哪種較穩定且安靜？坐起來較舒適？

再拿地球的運轉來說，地球公轉一次是每秒三十公里，自轉則時速超過一千五百公里，但是我們卻感受不到地球的高速運轉。因此，只要在求速度、求進步之前，能先有良好的設計，亦即有良好的配合制度。那麼，在「進步中求安定」，將會比在「安定中求進步」，更能促進國家的進步與和諧。

例5、問題比答案重要

今日的國家教育研究院的前身，是由以前的臺灣省國小教師研習會（板橋教師研習會），與國立編譯館及國立教育資料館等合併而成。板橋教師研習會剛成立時，向前來進修的教師學員，提出一句口號：「帶問題來，帶答案回去。」當我看到這句口號時，隨即向上層反應：「『帶問題來，帶答案回去。』固然不錯，但並非最好的。若能改成『帶問題來，帶更多的問題回去。』更好。因爲，眞正成功的研習，並非要學員學到正確、唯一的答案，而是能夠培養他們思考、批判的能力，以便日後面對任何問題，都能夠獨立思考，從而不斷地發現問題，解決問題。」

例6、到底誰比較笨？

夫妻間難免意見不合發生口角。我個人因爲修養不好，常在意見不合時，會蹦出一句：「妳眞笨！」太太也會回敬我：「你才笨！」然後我又說：「我是笨，但妳更笨！」就這樣沒完沒了。

有一次我們又在鬥嘴時，太太突然默不作聲，等到我心平氣和時，太太慢條斯理地問我：「你罵我笨，好，我請問你，一個聰明的丈夫，娶了一個笨太太；跟一個笨太太，嫁了一個聰明的丈夫，到底誰比較笨？」

例7、廁所一定會發臭嗎？

一九七〇年我回國時，發現公立學校廁所有兩個缺點：一是臭氣沖天；二是沒有衛生紙，我不解地問爲何沒有衛生紙？他們告訴我：「如果放衛生紙，會被偷。」我的看法是，正因爲沒有放衛生紙，所以才會被偷！要禁止偷衛生紙的行爲，並不是不提供衛生紙，反而是要提供。

至於廁所發臭的問題，如果問一般人，廁所爲什麼會發臭，得到的答案大都是怪罪使用者衛生習慣不良。但依我看來，廁所之所以發臭，是因爲蓋在最遠、最角落處。這種做法就是先入爲主認爲廁所一定會臭，所以蓋得遠遠的。若將廁所建在最方便、明亮之處，廁所就不會再臭了吧！

試問，廁所若建在校長室旁，甚至建在教室內，還會臭嗎？恐怕就像每個家庭中的廁所，不會再發出臭味了吧！

就如同早期一些銀行曾發生擠兌，要有效解決擠兌的現象，並非限定客戶只能提多少錢，或是禁止提款；而是應該拿出一大筆現金放在櫃檯，並告訴客戶，想領多少都可以領，如此一來，那些因恐慌銀行缺現金，而發生擠兌的情形，就可以緩和下來。

例8、不減反增

唱片公司與音樂創作者原本認爲，免費下載影音會傷害銷售量。沒想到，銷售量非但沒有削減，反而創新高。

再舉一例，以前世界三大男高音義大利的帕華洛帝、阿根廷的佛來明哥、西班牙的卡列拉斯到臺灣演唱時，常會在戶外廣場播放實況轉播。一般人會質疑，這麼做不是會損失一些收入嗎？因爲可以免費在戶外收聽。但事實是，這麼做的結果不但沒有減少收入，反而增加唱片的收入及買票的聽衆人數。

柏林交響樂團此次訪臺，也在其他國家設點同時進行戶外轉播。

例9、柔弱勝剛強

「柔弱勝剛強」也是一種從反面看的思維，以下就舉幾個「柔弱勝剛強」的例子：

1.二十幾年前，我隨同教育部技術教育考察團到歐洲考察，其中訪問了一個鑽石製造廠。在參觀的過程中，讓我印象最深刻的有兩件事：一是，他們利用「水刀」（高壓凝聚而成細如絲、利如刃的水柱）切割最堅硬的鑽石。其二是，當導覽人員帶我們去觀看一個靜止不動的圓盤時，導覽人員警告我們，千萬別用手碰觸圓盤！因爲此圓盤看起來雖是靜態，其實正以一秒鐘轉動數百至數千次的速度轉動，手一觸碰，馬上就會血肉模糊。這就是快到極點，就變成靜止不動。

2.早年，當萬年國代仍存在時，社會上再怎麼呼籲政府解散國會都無效，因爲連總統都是國代選出來的。一直到手無寸鐵的大學生，在中山堂靜坐數日後，終於逼得萬年國代下臺。

3.蝴蝶應該算是非常脆弱的動物吧？但是牠們竟然能夠借助自然現象，跨洲飛行。社會科學有句「蝴蝶效應」，即是指，小如蝴蝶卻能以其振翅影響氣流。

4.當年，民主黨的高爾和共和黨的布希競選總統時，高爾以極少的票數輸給布希。據說，關鍵輸在佛羅里達州。事後有人分析，高爾之所以失敗，出在一個小男孩的身上。

在競選前，有個古巴小男孩，冒險偷渡到佛羅里達州，此事引起古巴和美國的國際法紛爭。最後，執政的民主黨決定將小男孩遣返古巴。這樣一來，引起向來支持民主黨，占佛羅里達州大多數的古巴移民憤慨，而把票投給共和黨。其實，高爾的不幸落選，還有一個重大因素是，第三黨（綠色黨）的總統候選人 **RALPH NADER** 在佛羅里達州拿到九萬七千四百八十八票，若是沒有他參選，這些選票多數將會轉投民主黨，其結果就會造成民主黨的高爾在佛羅里達州勝選而當選為總統。

例10、「當一日和尚，撞一日鐘」有什麼不對？

「當一日和尚，撞一日鐘」這句話常被拿來形容一個人得過且過，不敬業。但我認為，只要和尚按時撞鐘，認真地撞，即使只撞了一天，也稱得上是好和尚。當然，一旦他不當和尚就不必撞鐘了。

例11、先提條件

在談判時，常會有一方向對方說：「我們這次的談判，任何一方都不能有先提條件。」在我看來，說出這句話本身就是一個「先提條件」。

我舉個類似的例子，一九九八年十月，我以大考中心副主任的身分，與臺師大外語學院院長張武昌教授，到上海參加由交通大學舉辦的「第一屆亞洲英語測驗研討會」。

在開會的前一晚，擔任大會主席的交通大學楊教授，特別邀請我和張教授共進晚餐。一陣寒暄之後，楊教授突然對我們說：「明天的會議，純粹是學術會議，不要出現任何帶有政治色彩的言辭。」聽了此話，我們倆都覺得不太舒服。我本想立即反駁：「我們本來就是來進行學術對話的，現在到底是誰把學術政治化。」後來一想，對方是東道主，且又是初次見面，所以把這句話硬吞回去。

例12、程度哪有降低？

臺北市立教育大學的前身是市立師專，而市立師專早期（民國六十八年以前）只收女生，不收男生，因此稱爲女師專。

當時，一些有識之士認爲，此一現象並不正常，應該男女均收，較符合教育意義。但是，學校當局卻以「學生、教師、家長三者皆反對招收男生」爲由，拒絕招收男生。

經過幾年的爭論後，臺北市議會多數市議員終於按捺不住，使出一個殺手鐧，以議會名義通過決議——要求女師專兼收男生，否則下年度預算不予通過。這樣一來，女師專只好屈就，開始招收男生。但是，放榜後卻發現一個現象：男生的最高分不如女生的最高分，且男生的最低分也低於女生的最低分。反對派得到此訊息後，以爲掌握了最佳證據，即大肆批評：「招收男生的結果，讓學生的素質降低了。」

當女師專校長到議會接受質詢時，她竟然公開承認成績的確降低了一些，但只差了幾分，沒有多大影響。隔幾天，我偶遇女師專校長，向她談及成績降低之事。她問我有沒有什麼看法？經此一問，我便說：「以我的看法，你們這次兼收男生，成績非但沒有下降，反而提升了！」女師專校長意外地說：「何以見得？」我告訴她：「此一現象最多只表示，新招的男生平均素質不如女生，但並不表示，這次招收的全體新生平均素質比以往降低。因爲，如果不招收男生，而換成全部招收女生的話，那麼，補招收的那一部分女生的最高分，絕不可能超過原招收的男生的最高分，而且，原招收的女生最低分一定會往下降。因此可以這麼說，由於男生的加入，整體的平均素質反而提高了！」校長聽了以後恍然大悟說：「說得有理，我竟然沒有想到！」

例13、自審不一定會降低大學教師的素質

早期教授升等的資格審查採兩階段進行，第一階段是由校內審查，通過後再送教育部做資格審查。後來因爲主客觀環境的變化，教育部有意放棄審查權，只留下各校自行審查。

消息一傳開，保守派的學者和教授紛紛提反對意見，最主要是擔心一旦教育部不把關，校方會放水（尤其是私校），而造成教授人數的浮濫，降低了高等教育的素質。我卻不認爲這麼做會造成浮濫，因爲，對每個學校的教授而言，他們都非常潔身自愛，爲了顧及自己的形象，絕不願意因爲放水而降低自己的身價；而對校方來說，就算他們沒有什麼理想，至少會精打細算，因爲老師一升等，馬上要增加薪資，且又要減少授課時數，不啻是成本雙重增加，學校會甘願如此嗎？

後來，教育部採取漸進式做法，先對歷年來送審通過率超過百分之八十的大學院校開放，試辦了幾年後，教育部發現，開放前與開放後的通過率沒有多大差別。目前約有三分之二的大學教師升等，經由教育部審查，預計三年內推動大學全面自審。

例14、技職教育早就多元化？

有次，我應中華民國技職教育協會的邀請，進行一場公開演講。我一到會場，即發現其中一位貴賓是國內技職教育的龍頭——臺灣師範大學技職教育研究所所長。

我自知非技職教育的專家，因此自忖，這位所長一定會在演講後的討論時間，向我出招。

我的演講主張，技職教育的師資培育應該多元化。除了臺師大、彰師大、高師大之外，其他具有足夠條件的學校，也應該可以參與師資的培育。如護理學院、餐旅學院，可以自行培育師資。

果然，問答一開始，這位所長就率先出招。他說：「黃教授，您主張技職教育師資培育應該多元化，其實我們早就多元化了。」說到此，他當場提出一個數據。他表示，依據他手中的資料所顯示，全國技職教育的師資，一半以上都是非師大體系的畢業生。

我聽了之後，因為心中早有準備，因此可以立即反駁他的說法。我說：「謝謝所長提出的數據，此舉是想證明師資培育早已多元化，但是依我所見，這些數據正好證明，到目前爲止的師資培育仍然很封閉。因爲，之所以有這麼多非師範體系畢業的技職學校教師，乃是長久以來，技職教育師資培育，都是由你們三所師範體系大學所包攬，在供不應求的情形下，你們自然會招收非師範體系畢業的學生，培育成技職學校的老師。反過來說，如果一開始就採取開放政策，准許各技職學校自行培育師資，那就沒有所謂『未經過教育專業訓練』的技職教師。」

聽了我這番話，那位所長無言以對。

例15、什麼才算幸福？

臺語歌后江蕙有一首名曲「家後」（妻子），作詞者爲鄭進一。其中有一句歌詞：「……才知，原來幸福是吵吵鬧鬧。」我第一次聽到時，覺得納悶，爲什麼幸福是吵吵鬧鬧？後來才想通，吵吵鬧鬧雖然不是一件愉快的事，但是相對於喪偶或配偶失智的人來說，至少還有個人和你吵吵鬧鬧。與其孤單一人過日子，還不如有個人可以和你鬥鬥嘴，來得幸福。

例16、臺灣被稱爲「仿冒國」（ROC: Republic of Copycat），其來有自?

閩南語有句諺語：「有樣看樣，無樣家己想。」這句話其實限制了臺灣人的文化發展，使我們在碰到問題時，不會自己先思考，而是想要看看別人怎麼做，以便模仿、仿冒別人。爲了激發創意，應該是說：「會想家己想，𣍐想才看樣。」

例17、問得好！

一九六八年，我在哥倫比亞大學教育學院的學習歷程，開始進入撰寫博士論文的階段。依照我的指導教授Dr. Linsey的行事規則，我必須把論文草稿逐章交給她審閱批改，當她第一次看完我的論文初稿，與我討論時，她的第一句話是：「Mr.黃，你的文筆不錯，請問你有沒有找native speaker幫你修改？」我答：「沒有！」她又說：「喔，眞的嗎？」看到她的反應，我的心中不禁微慍。我心想：「你眞是太瞧不起人了！」本想再說些什麼，但後來轉唸一想，教授這句話並非在懷疑我，反而是肯定我的英文能力。因爲經她這麼一問，我才明白，原來我的英文書寫、表達能力，竟然可以和土生土長的美國人相提並論！如果她不問，她永遠還是懷有這個疑問，而我也沒有機會說明。她問了之後才知道我的英文實力，我也才知道自己的英文能力原來還不錯。

我眞的感謝指導教授有此一問，因爲這樣一來，不僅去除她心中的疑問，也增加我對英文寫作的信心。

例18、沒有自信，就無法獲得他人信任

有一次，在某個場合，我遇見一位在外國汽車公司工作的經理，因爲我的二女兒也在德國Audi的臺灣分公司擔任經理，因此我問那位經理：「請問，貴公司有沒有禁止員工，開別家公司的汽車上班？」他說：「當然啊，如果不開自己公司所產的汽車，那不是表示對本公司的產品沒有信心！如果顧客提出對此疑問，那你該怎麼自圓其說？」

我聽了之後便說：「依我看來，禁止員工開別種廠牌的汽車，才眞正表示對自家廠牌的車沒有信心。如果有信心，何必怕人比較！況且，商場如戰場，知己知彼才是致勝之道。你的員工如果從來不開別種廠牌的車，他將永遠不知道別種廠牌的車有哪些優點？也不會知道自家廠牌的車相對缺點在哪？既不知別人的優點，又不知自己的缺點，如此一來，自家廠牌的車還有競爭力可言嗎？」

例19、They deserve it!

多年前，我隨同臺北市的教育官員及中學校長到美加訪問，其中有個參觀對象，是一所著名的特殊學校。當我們走進一間特殊教室時，眼前出現的只是一位老師和一個學生，而教室卻充滿了許多昂貴的設備。

在參觀後的討論中，有位校長問主持會議的該校校長：「貴校的設備如此好，但只有少數幾個人在使用，會不會有點浪費資源？」沒想到那位校長竟回答：「They deserve it!」（這是他們應享的權益）。我想，他的意思是，在你們看來讓少數人享受這麼好的設備，好像划不來，但是你們想想看，這些所有的一切，都不過是爲這些身障者，提供享有一般人聽得見、看得到的基本人權罷了！如果有人羨慕他們，那麼，就請這些人先讓自己變瞎變聾，再來享受這些特殊設備吧！

例20、何不公平之有！

十幾年前，我應教育部之邀，參加新竹科學園區「國立新竹實驗中學存廢問題」的調查研究。這件事的原委是：早期，政府爲了發展資訊科技，特地在新竹闢建科學園區，並廣邀海外學者專家，歸國貢獻所長。

爲了解決這些歸國學者專家子女的就學與升學問題，政府特地成立竹科中學。沒想到，經過幾年的發展後，附近一般中學的學生家長及部分議員，卻發出許多不滿和反對的聲音，甚至要求政府廢除竹科中學。

他們反對的理由包括：這些學生絕大部分擁有美國國籍，父母也都是高薪，政府不應該拿國內納稅人的錢，支付他們的教育費用。何況，這些學生畢業後，八、九成都會回到僑居地繼續升學。而且更令他們忿忿不平的是，此中學爲六年一貫制，國中部學生不必參加升學考試，即能直升高中部。此外，一般高中一週最多只上五、六小時的英語課，若要加強英語，需另外自費參加補習或請家教；但是，竹科中學採雙語教學，幾乎一週可免費接觸英語教學幾十個小時。

經過我們小組的問卷調查及實地造訪該校，與學校教職員，學生家長，以及當地反對人士代表會談後，做了「應做部分調整，但繼續保留該校」的決議。

我們的理由如下：當初成立竹科中學最主要的目的，是在吸引高科技人才，雖說他們的待遇相當優厚，但若長期與妻小分隔兩地，恐怕不會久留，因此，最好是他們全家都返國。但是若要吸引他們全家返國，就必須考慮到其子女的升學問題。

其次，若沒有成立或廢除竹科，他們的子女勢必得參加高中聯考，唸普通高中，或者花相當可觀的費用唸私立學校。如此一來，對於歸國學人或其子女造成相當大的不公平，因爲私校的高學費，恐怕將耗去他們一大半的薪水；再則，若唸普通高中，這些學生的語言能力一定不及本地學生，日後要考上大學的機會就很渺茫。

再深入分析，站在本地人的立場，也許會認爲免試升高中、免費上那麼多英語課程，是一種特權，但若他們繼續留在美、加等國唸書，這些可都是理所當然的事。還有，關於納稅人吃虧的問題，我們的想法是，雖然爲了延攬優秀人才而多花錢成立竹科中學，但這些優秀人才爲我們創造了幾千億收入，用這筆收入的百分之一、二去支應竹科中學的開支，不是綽綽有餘嗎？

我們也明瞭，反對者還有一個沒有說出口的理由，那就是「眼紅」！因此，我們向竹科中學家長及學生建議，發揮他們的愛心，爲附近的國、高中生免費補習英語或數理，藉以紓解怨懟之情。而且這麼做對竹科學生，不僅沒有浪費時間，反而有些利益，因爲當他們回到美加申請大學時，學校除了看學生參加SAT（學測）及在校成績外，也很重視他們在校期間的社會服務成績。

經過我們的分析與建議，令人感到欣慰的是，竹科中學迄今仍存在著。

以下是一些有關「反面看」的諺語或名人語錄：

1. 欲擒故縱。
2. 過猶不及。
3. 以柔克剛。
4. 以小博大。
5. 天助自助者。
6. 歹竹出好筍。
7. 欲速則不達。
8. 危機即是轉機。
9. 求人不如求己。
10. 英雄難過美人關。
11. 道可道，非常道；名可名，非常名。
12. 要想「快活」，就得「慢活」。
13. 沒有問題學生，只有學生問題。

14. No news is a good news。
15. 攻擊（offence）就是最好的防守（defense）。
16. 主角演不好，最應怪罪的是導演。
17. 最危險的地方，就是最安全的地方。
18. 一個人最大的敵人就是自己。
19. 你的問題就在你看不出問題的所在。
20. 最大的無知，就是不知道自己無知。
21. 沒有賣不出的房子，只有出不起的價格。
22. 沒有「教不會」的學生，只有「不會教」的老師。
23. 在黑暗處最能「看」出一個人的品格。
24. 悲觀者只看到機會前面的困難；樂觀者則能看到困難背後的機會。
25. 教師不要只想到有沒有「教完」（趕上進度），而更應該關心學生有沒有「學會」。

26. 「不做決定」本身就是一種決定。（因爲當你說「不做決定」時，實際上是等於說，我決定現在不做決定。）

27. 「Less is more」，這是當今藝術設計界的一個重要流派「極簡主義」的名言。意指減少就是加分、簡單就是美。

28. 在課程設計上，要儘量使「科目活動化」，而不是把「活動科目化」。

29. 不知生，焉知死？（孔子）。

30. 無用之用是爲大用（莊子）。

31. 既以爲人己愈有，既以予人己愈多（道德經）。

32. 若欲取之，必先予之（道德經）。

33. 退步原來是向前（禪詩有云：手把青秧插滿田，低頭便見水中天；六根清靜方爲道，退步原來是向前）（禪詩）。

34. 李遠哲的母親曾說：「幼兒在，不遠離。」

35. 前國立臺灣師範大學校長劉眞曾說：「要教育別人，先教育自己。」

36. 國外人士常批評說：「臺灣教育最大的特色就是沒有特色。」

37. 吃虧就是占便宜。（蔣經國也曾經說過一句類似的話：「犧牲享受，享受犧牲。」）

38. 美國前總統甘迺迪曾說：「不要問國家能爲你做什麼，要問你能爲國家做什麼。」

39. 當一個人說出：「無法以筆墨形容……。」的時候，實際上他已經用這些字形容他的情緒了。

40. 西諺有云：「燭臺下最黑暗！」也就是說，最齷齪、殘忍的事件，通常都隱藏在最光鮮亮麗的外表之下（如宮廷內鬥）。

41. 在國際談判上，如果雙方沒有得到結論或共識，常會留下這句話：「We agree to disagree（即我們雙方都同意，仍有一些歧見待決）。」

42. 大陸著名的經濟學者萬以寧，曾對當前中共高層正式開展的政治改革，提出一句警語：「改革是有風險，不改革則有危險。」另有人說：「改革不成功則國家有危險；改革成功則共產黨有危險。」

43. 良藥苦口，忠言逆耳。

44. 把吃苦當吃補。

45. 名師不一定是良師，而良師也不一定是名師。

46. 三個臭皮匠，勝過一個諸葛亮。

47. 有「教」不一定有「學」，而「學」也不一定來自「教」。

48. 「學會」比「教完」來得重要。

49. 再好的學校也有差的教師，而再差的學校也有好教師。

50. 疑者不用，用者不疑。

51. 我認爲最有問題的校長是，那些「從未發現任何問題」的校長。

52. 眞正的教育所關心的是如何「教好」學生，而非只管如何篩選「好教」的學生。

53. 改革不一定會帶來進步，但不改革絕對不會進步。

54. 其實，最需要繼續受教育的是，從事教育工作的教師本身。

55. 教師最重要的任務，就是要誘導學生從「要我學」變成「我要學」。

56. 教育的效果雖「不顯著」，但其功能卻「很重要」。（significance一字，同時具有「顯著性」和「重要性」兩種意義。）

57. 優秀教師不一定是個「好演員」，但他必須是個「好導演」。

58. 不該由教師當演員，學生當觀（聽）衆，而應該讓學生當演員，教師當導演。

59. 如果眞爲您的學生好，那就請您拍自己的手掌，而不要打學生的手掌。

60. 是要課程與教學去適應學生，而不是要學生去適應課程與教學。

61. 在傳授知識時，不要儘想塡滿學生的胃口，而要設法刺激他們的食欲。

62. 最好的教師應該也是最好的學習者。

63. 教師最多只能幫學生搭舞臺，但卻不應代他演戲。

64. 教科書是最壞的主人，卻是最好的僕人。

65. 「沒有問題」（no question）本身就是「一個大問題」（a big problem）。

66. 「問對」問題比「答對」問題來得重要。

67. 消極悲觀的人只會爲失敗找藉口，而積極樂觀的人卻會爲成功找方法。

68. 我們不要只爲生存而生活，應該爲生活而生存。

69. 人生最嚴峻的考驗常常不在逆境之中，而在成功之後。

70. 美國的拳王Ali曾說過：「聰明人會裝傻，但傻瓜卻無法裝聰明。」

四、從中間看

國人常用的思考模式之一，即「非此即彼」或「非黑即白」。事實上，問題的癥結或答案常是在兩個極端之間，也就是說，解決之道是在兩者之間，因爲黑白之間存在許多灰色地帶。

例1、不會干預？

記得數年前，有位負責訂定財經政策的高級官員，被記者問到：「部長，近幾日股市出現劇幅震盪，請問，政府會不會進場干預？」該官員不假思索即回答：「政府絕對不會干預股票市場。」

聽了這段對話後，我覺得部長的答覆不甚妥切。因爲，一旦說出「政府絕對不會干預股票市場。」實際上即已影響到明天股市的漲跌（此即從反面看）。比較妥切的說法應該是「不予置評」（no comment）。因爲說「干預」不是，說「不干預」也不是，而「不予置評」（no comment）則是在干預與不干預之間（此即採中間看）。這種說法才不會留下任何口實。

例2、離或不離？

一、二十年前，有位退休的彰化教育學院（今國立彰化師範大學）的前校長，陪同該校一位年輕的女教授來找我。主要是因爲，該位女教授想離開彰化教育學院，但是現任校長不同意。

我先請該位女教授說明，她想離開以及校長不讓她離開的理由。女教授說，最主要的理由是，她住在臺北的雙親年事已高，健康狀況也不佳，亟需有人在旁照顧。其次還有一個不便啓齒的理由是，她的年紀已經不小了，此番臺灣大學擬聘請她擔任商學院教授，若能順利轉到該校，無論在婚姻或事業方面，都會有比較好的發展機會。

而校長不同意她離職的理由也有兩項：一是他認爲，該位女教授只考慮到自己，卻沒有顧慮校方的立場。她之所以能夠順利拿到美國某商業教育博士學位，乃是因爲學校特別向國科會推薦，使其獲得公費補助，並給予留職帶薪，她才能在毫無後顧之憂的情形下拿到學位。怎麼能夠一回國就想離開，實在太不顧唸情義了！另外一個理由是，她若現在即行離開，該校一時找不到適當的人代替。

一般人對於此問題的解決方法不是離開，就是留下（即非此即彼）。但我卻從中間的路線——「好像是離開，卻又沒有完全離開」這個思路去思考，很快就想出解決辦法。

我建議她對校長說：「我很了解你的難處，爲了表示我的誠意，我願意以兼任教師的身分，繼續講授校方一時找不到替代老師的那些課，直到找到老師爲止。」當然，這樣一來，她在經濟上會吃一點虧，但一定會感動校長，認爲她畢竟是個有情有義的人，而可能不會再爲難她。

不過，這樣做只能算是解決了一半的問題。我還是要親自和那位現任校長進一步溝通。由於他是我的好朋友，因此我直接說：「貴校最近有位女教授要求離職，轉到臺大任教，但因你愛才心切，不忍放人。但是我要告訴你一件事，千萬別認爲讓她走，是一種不名譽的事。你想想看，一所國內一流的大學，向貴校挖角，表示貴校擁有一流的師資，你們應該以此爲傲。」

後來聽說，這位女教授眞的如願以償了。

例3、那只是No Response!

十多年前，我居住在美國時，有一次爲了辦一件事，曾向美國的某一聯邦機構寄了一封申請書，同時繳交十五元美金的手續費。然而，文件遞出後卻石沉大海，一點回音也沒有，而時間一久，我也就把該事給忘記了。

一、兩年後，因陪同太太到南部第一大城亞特蘭大，辦理護士執照的事宜，特地來到該市的聯邦大樓。當我在一樓標示牌，查看主管護理業務的機關樓號時，驀地看到與我有關的那一聯邦機關的牌號。於是我對內人說：「妳自己到護理管理局辦妳的事，我要去辦以前那一件沒辦好的事。」

我進入相關機構的辦公室後，就把我的來意向一位服務小姐表明。由於一般美國機關的檔案管理得很好，因此，她一下子就找到我的檔案。她翻了一下文件，便說：「你的申請案件被批駁了。」當時我覺得，事情應該不是這樣就結束了，因此問道：「那我繳的十五元手續費呢？」她說：「依據我們的規定，不管申請案件是被接受或拒絕，一概不退費。」她怕我不相信，還拿出相關的規定給我看。

看完條文之後，我仍然賴著不走。因爲我還是覺得，這件事如此解決，實在不能讓人信服！於是，我便開始從中間去想。經過一番思索，我發現，我的申請案件，既不是被「接受」（acceptance），也不是被「拒絕」（rejection），而是他們根本沒給我任何的「回應」（no responce）。不是嗎？若非經過這次的親自查詢，我怎麼知道被拒絕了呢？因此，我堅信該條文對我不發生任何拘束力，而應將十五美元退還給我。因爲這十五美元當中包括了回信的郵資，所以你們至少要予以部分退費。

當那位小姐聽到我這麼說，認爲我這個人「不可理喻」，於是問我要不要跟她的上司談一談？我當然一口答應了。幸運的是，我總算碰到一位講理的主管。他聽完了我的申訴之後，先想了一下，然後便說：「對呀！的確是我們有所不對，沒有告訴你被拒絕的事。這樣好了，你先回去，我們將會討論這件事，然後再決定是否退錢給你。」

事後我是否拿到退費，我已不復記憶。不過，「理」倒是爭取到了！

例4、減半徵收

高雄市立文化中心是在前市長王玉雲先生任內所建造的。據說在徵收建地時，有一段小插曲。當初文化中心的建地，地權雖屬私人，卻是公園預定地，政府必要時可以徵收。但若照價收買，市政府卻苦無經費；若不加收購，時間一到則要退還給地主。在此兩難的情況下，若依照傳統的作法，則會採取「有錢就買」、「沒錢就退還給地主」的方式。但是王玉雲先生卻會從中間想——縱然是沒錢，市府還是要收購！於是他便想出「減半徵收」的辦法。

所謂「減半徵收」，是只徵收原計劃徵收的土地的一半，但卻不給地主任何金錢。地主乍聽到時，當然是極力反對。但王玉雲卻很聰明地為地主做一番解析：「按往例，土地一經市府開發後，常會增值數倍。你們雖因徵收而損失了一半的土地，但地價卻會立即增值好幾倍，你們何樂而不為？」地主一想很有道理，於是問題就輕易地解決了。

例5、那先保留學籍一年行不行？

一九五四年，我一考進省立臺灣師範學院（即今國立臺灣師範大學），就全力準備畢業後報考研究所。當時的師範教育法規定，唸完大學四年只能算是結業，必須等實習一年及格後才能拿到畢業證書。但是那時的師院結業生，都可以報考研究所，因此有些人便在求學時期即全心全意準備考試，以便大四結業後立刻報考。但是，就在我即將結業前幾個月，突然接獲一個消息：教育部已改變作法，師範學院結業生必須等到實習及格之後才能報考研究所。教育部之所以改變升學規定的主要理由是，師院結業生尚未拿到畢業證書，因此於法缺乏報考研究所的依據。

我們這幾個準備報考研究所的學生，都覺得這個規定不合理。教育部當然有權改變規定，但應該及早通知學生，不能說變就變！因爲這樣一來，我們就有雙重損失：其一，不能報考準備已久的研究所；其二，雖然仍可報考高等考試，卻已來不及準備。因此，我邀同班摯友許水德（前考試院院長）一同前往教育部提出陳情書。

陳情書所列舉的理由，除了上述所說的——對當年的師院結業生不公平外，也提到：一般而言，早年報考教育研究所，考試成績最好的差不多都是師院應屆結業生，若禁止應屆結業生報考，那麼，招收到的研究生，大部分會是都變成去年落榜的畢業生，如此一來，就會降低研究生的素質。（我們另外還羅列了其他五、六個理由，此處就不再一一贅述。）

此外，由於我們深切了解到，要讓對方接受你的請求，除了述及事件的利弊之外，更重要的是，要主動爲對方想到有效的解決方案，好爲對方解套。我們的解套方法是，既然教育部認爲師院結業生沒有畢業證書，不符報考資格，那就不妨讓師院結業生先報考，考上以後准予保留學籍一年，等到實習屆滿，拿到畢業證書後，就可以名正言順地唸研究所。教育部長官聽了我們的方案，認爲合乎情、理、法，最後終於批准我們「先報考研究所，實習屆滿拿到畢業證書後再唸」。

這就是採取「中間看」的策略，一般人的思維大都是：有畢業證書就可以考，沒有畢業證書就不能考。但我們卻是「雖然沒有畢業證書，一樣還是可以報考。」

例6、租買

商業上一般有關於物件的買賣，大概只有租或買，如房子、樂器、汽車等。但是一些腦筋動得快的人，既不租也不買，而是「租買」。

以前我唸政大時的同學陳漢強，擔任屏東師專校長時，即是採取「租買」的方式，解決學生缺少風琴的難題。當時我以評鑑委員的身分訪問該校時，我訝異地發現，他們竟然備有數百臺風琴，供學生二十四小時使用。記得早年我唸臺中師範時，全校只有一間風琴教室，裡面只有不到二十部風琴供學生使用。在此情形下，每位學生一個星期最多只有一個小時可練琴。

我好奇地問陳校長：「您是怎麼辦到的？」他告訴我，以當時教育廳規定，每位學生都要學會彈風琴，且必須達到某種程度，通過檢定才能畢業。這讓陳校長感覺到學校有提供風琴的責任。他同時也發現，一些學生為了爭取練琴的機會，自行在校外租琴練習。

學生花在租琴的費用，大概幾個月累積下來，就可以讓學校買幾部風琴了，但是這樣還是不夠全校學生使用。於是他直接跟賣琴的老闆接洽，他說：「如果我們一口氣買上兩百部風琴，你最低可以給我們多少折扣？」

當老闆說出價錢時，他又說：「但學校現在還是沒辦法一次付這麼多錢，我們可不可以先用租的方式，等到所付租金累積到先前你說的折扣後的價錢時，就算是把風琴『賣』給我了。」

這個辦法對學生來說既方便也沒有損失，因爲學校所付的租金分攤開來，和學生在外所付的租金相差無幾，且在學校就可以練習；而對廠商而言也沒有損失，因爲他若不接受這個交易，短期內他也賣不出這麼多臺，如此一來，他的資金就卡在那裡。現在雖然以較低的價格出售，但是每個月都有進帳。老闆聽他這麼一分析，當下就接受這個交易。

就我所知，國內兩大航空公司，也曾經以租買方式，向波音公司一次購入數架飛機。

例7、難道只有「廢核」和「續建」這兩種選項嗎？

前幾個月，核四是否續建或廢除的爭議，引起軒然大波。一般的想法不是拆除就是續建。但是，爭論一段時日後，政府最後採取「中間看」的作法——即暫時封存（不放置燃料棒、不運轉、日後是否運轉由公投決定）。

五、分開看

有時候，我們無法解決問題的原因在於，把兩個類似的概念（問題），當成是一個概念，以至於治絲益棼。此時的解決之道即在於，將兩個類似的概念（問題）詳加剖析，始能迎刃而解。

例1、和/平

我常在上課或演講時，試探性地問學生或聽眾：「請問四維『八德』——忠孝仁愛信義和平——其中的『和平』兩字，英文是什麼？」經常會有人回答：「peace」。我搖搖頭後說：「我再問一次，『和平』兩個字怎麼翻譯？」這次還是有人說peace，但是人數少了一些。我斷然否定，並且第三度問：「『和平』兩個字怎麼翻譯？」這一次就沒有人再回答peace了。

看到這種反應，我會慢條斯理地解說：「如果『和平』翻譯成「peace」，那麼，八德就成了七德，即忠、孝、仁、愛、信、義、和平。」我接著說：「八德中的和平兩字，其實是兩個相關但不相同的概念，和是和，平是平。『和』指的是『和諧』（harmony）或『和平』（peace）；而『平』係指『公平』（fairness）或『正義』（justice）。如此才是八德。」

此種分開看的思維模式，可用來解釋臺灣社會的亂象。幾十年前，臺大心理學系的榮譽教授，同時也是中央研究院院士的楊國樞博士，曾經針對國內大學生，做了一份關於國人價值觀的問卷調查。他的調查方法很簡單，即列出一百個有關價值觀的概念，如禮、義、廉、恥、溫、良、恭、儉、讓、誠、正、勤、樸等等，而後要學生從中勾選出，他們認爲最重要的前十個價值觀。

對於這份調查結果的詳情我已不復記憶，唯一印象深刻的是，名列第一的是「和」（其內涵包括和平、安和樂利、祥和、和睦、大事化小等）；而最少被人勾選的價值觀是社會正義。

這個結果眞是非常奇妙！一個想追求安和樂利的社會，卻又不重視社會正義，這不是很矛盾嗎？因爲，社會正義是安和樂利的基石。沒有社會正義（「平」最核心的內涵），哪來「和」？一個社會之所以紛紛擾擾、動盪不安，主要是來自社會（包括階級、種族、性別）、政治、經濟、教育文化等的不公平。不平則鳴，這是社會出現亂象的根本原因。一個社會如果不重視「平」，而只想追求「和」，不啻是緣木求魚。

例2、優遇/權利

另一個實例發生在我的四弟身上。當年他在政大服務期間，擔任教授三年後，曾獲得國科會「留職帶薪」前往英國進修一年的機會。他進修回來後三年，又向教育部申請出國進修。但這次的申請卻被駁回，理由是，他才剛出國進修回來不久，怎麼可以這麼快又申請出國進修？我的四弟辯稱：「教育部不是規定『教授任滿七年，可留職帶薪出國進修』嗎？我現在已擔任教授滿七年，怎麼不可以申請？」人事室的想法是，所謂七年，應該是從他回國後重新算起。

由於不得要領，我的四弟轉而求教於我。我了解到問題的原委後，告訴他：「你跟人事室說：『教授服務滿七年，得留職帶薪在國內外進修一年。』是權利（right），權利是他方或依法賦予（given）的，只要符合規定，人人都可以享有。但是，『優遇』（privilege）是靠自身的特殊表現而贏取（earned）的。教育部的留職帶薪之規定是權利，任一教授只要服務滿七年都可以得到。但是，國科會獎助的出國進修，是靠個人的特殊表現與競爭而贏得，並非任何教授統統有這種機會。因此，學校或教育部不能因爲個人獲得了『優遇』，便剝奪或限縮他的『權利』。如果說到這裡，你們還不同意，那就請你們不要就此駁回本人的申請，而將此申請案上呈教育部，讓教育部裁決。」

不久之後，我的弟弟就順利得到教育部的同意通知。

這種思考模式，最後又影響到教育部另一個政策的轉變。以前，享有公費的師範生，不能申請獎學金。但是，公費是屬於權利，每個師範生都擁有，而獎學金卻是只有成績特別優秀，經過公開申請、競爭才能得到。而且，權利與義務是對等的，師範生雖享受了幾年的公費，但他們卻有服務幾年的義務。而領取獎學金者只享受權利，卻不必盡回報的義務。

幾年後，教育部終於取消了公費師範生不能申請獎學金的規定。

例3、「欲求」（wants）／「需求」（needs）

公家機關在編列預算時，如果碰到財政困難，常會採取「一刀切」（將各單位預算一律減少百分之幾）的作法。如立法院對二〇一二年的預算編列，即採此種作法，導致新上任的文化部部長龍應臺喊出：「我們不是香蕉共和國！」

我認爲，要處理因經費不足，而必須刪減各單位所提出的預算需求時，有一個更合理的方法。

記得我在擔任淡江大學首任教育學院院長時，曾碰到過一個類似的狀況。當時，院內各單位提出他們的預算給我，我匯整後直接呈報學校的預算審核單位。不久，院內即收到校方發下來的各單位預算分配表。我一看當下愣住了，因爲我們的預算被砍了一大半。我該如何處理這個問題呢？我可以按照傳統「一刀切」的作法——上級砍我們百分之多少的預算，我就照樣砍下屬各單位百分之幾的預算。但我認爲，這種作法非但不合理，還有一個很嚴重的後遺症，即各單位下次編列預算時，會故意提高預算額讓上級去砍。

因此我採取另類作法，即「不談個別的細目，先談共同的規準（原則）」，如：一、人數多的單位，所分得的預算比人數少的單位多；二、每位研究生所得的資源應多於大學部學生；三、新成立的單位所獲的資源應比早設的單位多；四、兩個單位的功能、性質類似時（如同時設有課程研究所與課程研究中心），不能算兩個單位，頂多只能算一點五個單位，因爲資源可共享。

第五個原則是我認爲最重要的一個原則。我請各系所單位主管先釐清「欲求」（wants）和「需求」（needs）。所謂「欲求」是指已經有了，卻還想換一個更新、更好的；而「需求」是指必須具備的，否則行政工作無法順利運作，如電腦、冷氣設備等；「欲求」是無限的，「需求」則有限度。接著，我要求各單位主管當場釐清，或召開系會議釐清「欲求」和「需求」後，再據此刪減，重新編列預算。

各單位主管認爲他們當場即可進行釐清的工作。當我收回他們修改過的預算，發現總數竟然降到校方給予的預算之下。我本來打算，如果系所主管自刪的結果，仍然超過學校所撥的經費，我將進行第二輪的刪減，讓每個系所互相審查其他系所或中心的預算是否仍有不合理之處，再加以刪除。由於第一輪的自刪，即已達到原來的目標，我就不再使用這一招了。

例4、品質/品味

時下最夯的一句話即「提高品質」！這當然不錯，但卻還不夠。除了品質外，同時還要兼顧品味。現在連我們的教育部也懂得提倡「三品教育」——品格、品質、品味教育了。

且讓我舉幾個例子，說明爲什麼要兼顧品味。

例一、許多富人在布置新宅時，地磚用的是義大利貨，燈飾用的是法國貨，地毯則來自阿拉伯，但壁上掛的卻是中國名畫。個別看來，每樣東西都是頂級的，但拼湊起來卻不搭調。

例二、臺灣有些人喝酒的習慣，常教外國人瞠目結舌。外國人喝XO，常是小杯淺酌慢飲，但是臺灣的暴發戶卻一大杯一大杯猛灌，一飲而盡。酒的品質雖然很高，但是這種喝法卻很沒有品味！

例三、一些有錢的大陸人，喜歡買名牌皮包，但在配戴時，卻故意把商標或價格的吊牌顯露在外，以誇耀自己的財力。

例四、早年我在美國留學時，是靠週末假日及寒暑假在餐館打工，籌措學費及生活費。有一次上班時，我搭老闆的便車，一坐進那輛Benz車內，即有一股濃烈的魚腥味撲鼻而來！我回頭一看，原來是後座放了幾箱新鮮的魚貨。我搖頭嘆息，Benz是有品質的高級車，老闆卻把它拿來當貨車用，眞是沒有品味！

但事後想想，他這麼做也不是沒有道理。因爲Benz的招牌可讓自己有面子；而直接拿它來當貨車用，就不必另外再花錢買貨車。如此一來，面子裡子都顧到了！不過，這麼做仍然是有品質而沒有品味。

例5、良師／名師

良師有時候可能是名師，名師有時候也可能是良師，但在大部分的情形下，兩者還是有區別的。區別之處至少有三：

1. 名師的知名度很高，但良師不一定有知名度；
2. 名師關心的是學生的分數和升學率，但是良師關心的卻是學生的身心發展；
3. 名師大都很富有，良師則大都兩袖清風。

例6、補助（subsidy）／支付（payment）

早年有一次，教育部徵詢我是否有意代表國家，參加南非曼德拉新政府所召開的國際教育研討會。由於我不曾到過南非，因此欣然同意。不久我就接到校方轉來的邀請函附本，其中有一個用辭很是礙眼——……黃教授此次出國所需的各項經費，由本部「補助」。我認爲「補助」兩字用辭不當，因此打電話給教育部國際文教處的熟人，問他是否能夠重新發一份公文，刪去「補助」兩字。友人不解「補助」兩字有何不妥？並言明，他們所發的公文一向都是如此用辭。

聽到他這麼說，我就開始講起了大道理，我說：「所謂『補助』，通常有兩個意涵，一是申請人主動申請；二是只補助其不足之處。但是，這次是教育部主動徵召我，並非我主動申請。其次，經費全數由你們支付，所以不能稱之爲『補助』。」對方聽了之後，問我：「那麼，我應該怎麼寫呢？」我答：「你就寫『一切費用由本部支付。』」

我之所以如此「龜毛」，主要是想矯正教育部向來高高在上的官僚習氣。不久我就收到如我所願的公文內容。

例7、知名度（popularity）/聲望（prestige）

一般人常將知名度與聲望混爲一談，其實兩者大有差別。當我們說某人具有知名度時，是指許多人知道他的名字。但是，一個擁有聲望的人，不見得許多人都聽過他的姓名；另一項差別是，擁有高知名度的人，不見得每個人都能說得出他有名的原因；而聲望高的人，只要是知道他的人，都說得出他擁有高聲望的原因。

例8、管/教

今日，臺灣中小學老師最感頭痛的就是學生的管教問題。因此我去演講時，常會被問到我對管教問題的看法。我的回答是：「一般人常把管教當成一個概念，我卻認爲，管教是兩個不同的概念。管是管，教是教。」

「管」只是消極地禁止某人不能做什麼，卻不說明爲何如此。而「教」卻採取積極的作爲，就算是禁止你做什麼，也會說明禁止的理由。除此之外，還會告訴你怎麼做比較好。

就拿髮禁和穿制服來說，現今仍有少數學校規定學生不能留長髮、不能燙髮、不能穿便服。若學生抗議，他們就搬出「這是學校的規定！」若從教育的觀點出發，則會思考如何教導學生，依自己的臉型、膚色、身材，甚至於家庭經濟狀況，選擇穿適宜的衣服，和留適宜的髮型。

再舉一個例子。即使在今日，仍然能夠在少數男廁看到一個小標語：「請勿將煙蒂丟入小便池。」有些廁所則採取較佳的作法，即除了標示：「請把煙蒂丟在煙灰缸中。」之外，並在標語下放置一個煙灰缸。

我認爲，學校不是不能管，而是只要管「事」與「物」。比方說，圖書館和廁所要管理好，營養午餐要管理好；但是對於「人」則不要管，而是要加以教育。遺憾的是，今日許多學校，該管的「事」與「物」沒有管好，卻一味只想管「人」，鮮少給予教育，協助他們向上發展。

一直到現在，仍有不少的老師與家長，把「生活管理」與「生活教育」混爲一談。事實上，這兩者大有差別。即前者僅止於使學習者暴露在各種符號或圖像的刺激環境之中；而後者則除了給予感官刺激之外，還能進一步爲學生提供直接的學習經驗，讓他們有機會實際去練習我們所希望他養成的良好行爲。

茲舉一例如下，有對教授夫婦在元宵節前夕要到外地旅行。臨行之前，教授夫人爲了兩個小孩（一爲八歲，一爲六歲）的安全，想把家裡所有的火柴收藏起來，以免小孩因點燈籠而發生意外。而教授卻認爲，這種「生活管理」法未臻妥善。因爲，既然爲他們買了燈籠，卻又不讓他們點燈籠，不是會讓他們大失所望，並百思不解嗎？再說，不給他們火柴，就能保證他們不會向鄰居的小孩借火柴嗎？

因此，教授要他的太太把火柴交給他，然後要兩個小孩試著點火柴讓他看。他甚至找出他們去年玩過的一個舊燈籠，故意要他們讓它著火，然後再叫他們想辦法滅火。經過一番演練後，他們夫婦倆才放心地離開家門。等到他們自外地歸來，一進家門，果然看到滿地都是用過的火柴棒，但是一切安然無恙，不禁暗唸一聲：「阿彌陀佛！」

至若對於學生的行爲，生活管理者與生活教育者也各有其不同的反應方式。生活管理者最常用的反應方式是：對於良好的行爲以「點頭」（Ok）來表示「贊成」，而對於不良的行爲則以「搖頭」（No）來表示「反對」；而眞正的生活教育者，則慣以「斜點頭」或「歪頭」的方式來代替「搖頭」。譬如說，對於學生的不良表現，他會一邊「斜點頭」，一邊反問道：「你眞的認爲這樣做，對你最爲有利嗎？」或規勸說：「你回去再好好想想看吧！」

換言之，生活管理者只會說：「你應該這樣做」或「你不應該那樣做」；而生活教育者卻多半會改問：「你爲什麼要這樣做呢？」或「你爲何認爲這樣做比較好呢？」……

例9、保證（guaranty）／擔保（warranty）

在臺灣的商場上，賣方常常會向顧客強調「品質保證！」但是，一旦消費者發現瑕疵，向賣方求償，賣方則會以「這是你自己使用不當造成的，並非貨品本身有問題。」作爲託辭。而一般的外國廠商以及部分有良心的臺灣廠商，不會輕易說出「guaranty」，而是使用「warranty」的字眼。「warranty」意指：「我們不敢保證本產品絕對沒有問題，但卻擔保只要有問題，一定負責到底。」

例10、人情/特權

過去我們常聽說，學校有所謂的「人情班」。但在我看來，「人情班」其實就是「特權班」。因爲它把權貴子弟安排在一班，並給予最好的待遇與各種豐富的教學資源。若是能夠把家境不好、成績落後的弱勢學生編在一班，然後分派最好的老師，對他們的課業予以特別輔導，那才眞的是「人情班」！

人情與特權之共同點在「施惠對方」。不同的是，眞正的人情所施的惠是出自自己，而特權所施的惠卻是來自慷他人（或公家）之慨，亦即，利用公家的資源或犧牲別人的權益去做自己的人情。

現在我舉親身碰到的例子作爲說明。早年，有一次我到中壢某中學演講，講完後，我接著又要趕到其他地方，因爲時間過於匆忙，訓導主任乃自動提議要送我一程。

在趕時間的情況下，車子在某個轉彎處，因超速被警察攔下。當時因超速被警察攔下的還有另一部車，但警察卻叫我們稍往前停靠，讓兩車保持適當距離。當我正想爲自己拖累了訓導主任而擬向他道歉時，他卻脫口說出：「沒關係，那位警察是我的學生，而且這種事以前也發生過。」

待警察走近，先和訓導主任打聲招呼後，隨即開一張罰單給他。訓導主任接過罰單，臉上卻一點慍色也沒有。揮別警察後，他得意地告訴我：「你別擔心，這張罰單只是形式上的，我並不需要繳交罰款。」

我那時才知道，這位警察身上原來帶有兩套不同的罰單，一個是眞的要罰錢；另一個則不必。我這也才明瞭，爲什麼警察要將兩輛同時超速的車分隔開來。

看到這樣的情形，我的心情很困惑，不知該感謝警察和訓導主任，還是感到不以爲然？我當然明白，警察是不好意思處罰違規的老師，而訓導主任犯錯後非但沒有檢討，反而因爲得到這個禮遇而沾沾自喜。也許他們倆都認爲這是人之常情，但我卻覺得，這就是濫用特權。

如果我是那位警察，我首先會告訴訓導主任：「老師，您以前諄諄告誡我們，服公職應盡忠職守，所以您今天違規，我只好照樣開罰單給您。」但是，當老師準備接過罰單時，我會立即抽回罰單，並表明：「老師，這次我代您付罰金，但請您下次不要再犯。」若他眞能如此做，我就會由衷佩服，因爲他是自掏腰包，而不是慷公家之慨，去做自己的人情；老師也會因爲愧疚而不會輕易再犯。

例11、成功／成就

國人常將「成功」與「成就」這兩個名詞混爲一談，認爲成功的人必定有成就，我卻不完全苟同。比方說，有的人雖然競選公職成功，但是在任期內卻可能毫無成就。

成功者雖然很多是靠努力，但有時也是靠機運；而成就則一定要靠自己努力。再者，有成功就有失敗，而成就卻不會消失。鄭成功一生的故事即是最好的例子，鄭成功雖然成功地打敗了荷蘭人，但是他的政治王朝十幾年就垮掉了。也就是說，他的反清復明的雄心壯志雖功敗垂成，但是他在漢人的拓殖臺灣及文化傳承上則貢獻卓越，因此被稱爲民族英雄。「莫以成敗論英雄」即是他一生的最佳註解；又如楊傳廣和紀政，雖然都沒有拿到奧運金牌，但是他們倆幾度打破世界紀錄的成就，卻永遠不會被磨滅。第三，大半情況下，要成功必須打敗別人；成就卻不是靠打敗別人，而是要不斷地超越自己。

因此，在教育上，我們應該鼓勵學生追求成就而不是追求成功；創造「唯一」而不是追求「第一」。

例12、點菜／送菜

我和太太經常到住家附近一家小餐館光顧，主要是因爲他們會免費贈送一道青菜。有一次我單獨去這家餐館用餐，我點了一菜一湯，已經吃到一半了，卻還等不到那道免費的青菜。於是我叫來服務生，問他怎麼沒有青菜？不久他就補上一道青菜。我用完餐付帳時，卻發現價錢偏高，我仔細看帳單，原來他把青菜的價錢也算進去。我詢問服務生：「青菜不是免費贈送的嗎？」服務生回答：「青菜如果是我們主動提供，就是免費贈送，如果是你主動點的，那就要付錢。」我聽了啞然失笑，無言以對。我向來自認爲，是耍弄「分開看」的高手，沒想到，這次竟然栽在那位服務員的回馬槍下，眞是始料未及啊！

例13、臺灣人究竟是有沒有禮貌？

曾經到過臺灣參觀旅遊的許多中外人士，留下的印象多半是：「臺灣最美麗的風景就是人。」說臺灣人最富人情味，我完全同意；至於他們所說的，臺灣人很有禮貌，我則持保留看法。

臺灣人對「人」也許很有禮貌，但是牽涉到使用近代科技產品時，卻不怎麼有禮貌。如許多人都會開汽車，但是常會亂停車、亂按喇叭，或是從車內向外丟擲垃圾；又如打手機時說話的聲音過大，及接到電話不會先報上自己的名字；還有，搭電梯時，最靠近按鈕的人，不懂得主動幫其他人按。

即使是對人的禮貌也要看對象，如果是對親近、熟悉的人，如親友、師長、主管，以及對某種外國人（尤其是白人），的確很有禮貌；至於對其他不熟悉的同胞或外勞，則不怎麼有禮貌。

例14、人名與事實要分開

早期教授升等的資格審查，除了要先通過校內審查外，還要再經過教育部的審查。當時，教育部對於審查結果，只通知當事人是否通過，並未說明不通過的原因。其所持的理由是：「爲了保密，不公開。」

我個人認爲，這個理由只對了一半。審查者的姓名當然要保密，但是不通過的原因卻應該告知當事人，好讓他有改進的機會。所幸，這件事已漸次改進，先改成告知對方不通過的原因，現在則改成對部分大學，教育部連複審都予以取消了。

例15、內外有別

過去，國高中生的獎懲規則允許功過相抵。但是，有些學校對於「銷過」一事做過了頭，將學生犯過的紀錄通通註銷。我認爲這樣做並不妥。所謂銷過，應該是對外而言，如當我們要將學生的資料，送到直接相關的機關，如升學的學校或就業的單位時，可將犯過紀錄隱而不報。但是校內的紀錄則應該永遠保留，因爲一旦消除，就很難對學生的行爲做追蹤輔導，這就如同醫院不能將病人的病歷消除一樣。

再者，學術界常常對學校或學生進行問卷調查，如果把學生的背景資料消除，有些調查實驗就無法進行。

例16、良心傘／愛心傘

在臺北市某些捷運站，常會看到牆角置放了「愛心傘」任人取用，並特別註明「用後請歸還」。我對於「愛心傘」的這種詮釋有點意見，認爲應該是用「良心傘」一詞較恰當。因爲，眞正的愛是只給予而不索回——愛是不求回報的（當然，你可以把愛心傘再轉給他人使用）；而良心則是要做到不負對方，不虧欠對方，所以一定要回報、歸還。基於這樣的思考邏輯，那些必須「用後歸還」的所謂「愛心傘」，應該改成「良心傘」才對。

例17、共同≠相同

國人最重視的一個價值即公平。要求公平是對的，但是我們對公平（平等）的解釋是：相等或相同。這就值得商榷了！

比方說，到吃到飽的餐廳用餐時，不能因為你的食量小，就要求店家幫你減價，或是讓你把吃不下的東西帶回家。「吃到飽」的共同原則是，以你當場吃到飽為止。另以訂製服裝為例，不能因為你較瘦小，使用的布料少，就要求減價，「合身」是他們的共同原則。可知，平等不能解釋為相等或相同，而應該是「相稱」（fitting）。

換句話說，我們要追求的是「共同」而非「相同」。

早年，教育部對於大學，都訂有二十幾個學分的共同必修科目。其中包括國文、英文、三民主義、中國近代史等。在我看來，教育部所訂的這些科目，應該是相同科目，而非共同科目。後來經過學界的批評，教育部乃放棄對特定科目的規定，而改爲規定共同的「類別」。比方說歷史類，各校可依據個別所需，開設近代史、現代史、文學史，或藝術史的科目等。

再就最近推動的鄉土語言教學而言，教育部一度想在衆多的拼音系統中，規定以「臺灣閩南語羅馬拼音系統」作爲唯一的拼音標準。但是學界認爲，目前已有數種系統爲各校使用，每個系統皆各有利弊，因此反對教育部一統天下的作法。實際上，教育部最高明的作法應該是：不管各校採用任何拼音系統，只要該系統能夠達到「精確」、「易學」這兩個共同的規準就夠了。

在學界如此建議下，教育部終於不再強求統一，而開放各校自由選擇，但是仍建議儘量使用「臺灣閩南語羅馬拼音系統」。

最後再舉一個「只能要求共同，而不能要求相同」的例子。國際航線的飛機座位分三個等級，即頭等艙、商務艙、經濟艙，旅客可根據個人的需要及經濟條件，選擇想要的座位。這三種艙等的旅客，所得到的不同待遇包括：餐飲內容、座位寬狹、服務程度等。但是，到達目的地的時間、呼吸到的空氣品質、安全性等卻都相同。

一個社會要眞正達到安和樂利的境界，首應尊重個別差異及自由選擇的權利。但是，個別差異必須奠基在共同的價值或規範上，個別與共同的關係，就如同手掌與五根長短不一（個別差異）的手指，若五根手指個別脫離手掌，就失去其作用。唯有附著在共同的手掌中，才能夠發揮最大的功用。

例18、統一≠同一

與上舉之「共同不等於相同」類似的概念，即以下要談的「統一不等於同一」。

國人最喜歡的另一個價值觀就是「統一」（除了政治以外）。例如：統一聯招、統一命題、統一教科書、標準答案等。而且認爲，在統一時，各個組成部分要完全相同。對此，我深不以爲然！舉個例來說，一個圓形的小木板，從中切成兩個相同的半圓形後，唯有借助外力（如強力膠、釘子、用手卡住等等）才能重新接合成圓形，而一旦外力消失，又會分成兩半。

但是，如果不採對半切開，而採鋸齒狀切割成兩半，成為兩個不同的半邊，剛開始要讓兩半回復成圓形很困難，但若經過一段時間磨合，一旦彼此互相卡住，那麼即使讓它在地上滾動，也會藉著本身的內在力量，它即能緊緊扣在一起而不會分開。這就表示，兩個完全相同的東西，除非靠外力，否則本身無法緊密扣在一起，但是兩個不同的東西，只要目標相同（如共組一個圓形），相互包容，經過一段時間磨合，一旦卡住對方，即能藉著本身的內在力量緊緊扣在一起。

獨裁與民主最主要的差別即在於此。獨裁的君主一定會排除異己，要求人民絕對服從，這樣即使可以求得一時的安定，但終究還是會被推翻；而民主政治雖然會引起衆聲喧嘩，但只要有共同的願景，如追求國家繁榮進步，經過一段時間的彼此溝通、協調之後，一定會找到一個共識與平衡點，進而達至共同的目標。

例19、投資≠投機

投機與投資的共通點都是希望有所得（get something back）。但兩者間還是存在著很大的差別。其一，投機者著眼於短期的利益；投資者看的卻是長遠的報酬。其二，投機能夠成功，靠的多半是運氣；投資要能成功，卻要仰賴智慧。其三，投機大都是爲了利己，有時會因而損人，如天災時囤積食品；投資雖然也是爲了利己，但同時也能夠利人，如藝術品的投資。有些藝術品的投資者，會購買尚未成名，但是有潛力的年輕藝術家的作品。這類投資，自己日後雖然也可能獲利，但其最大的意義是，幫了菜鳥藝術工作者很大的忙。

例20、呼≠吸

最近我到榮總做身體檢查，在做超音波檢查時，護士一邊喊：「吸氣、呼吸」的口令，一邊要我照著做。我覺得奇怪，「呼吸」本身是兩種不同的動作，呼是「呼氣」（exhale），吸是「吸氣」（inhale）。正確的口令應該是「吸氣、吐氣」。呼吸若合併成一個英文字，那就是 breathe。

例21、服侍≠服務

近幾年來，臺灣公家機關的服務效率與態度已大有改善，甚至連觀光客也大爲讚賞，但有時難免會發生一些「過猶不及」的現象。例如：早期臺北市的許多區公所推動一項「奉茶」的服務，民眾一走進區公所，馬上有人笑容滿面地遞上一杯茶。

我覺得，去區公所辦事的民眾，不見得人人都想喝一杯水，勉強喝下去反而浪費資源，而且大費周章請人來做此事，可說是浪費人力。

同樣是服務，不如在入口處擺置飲水（茶）機，告訴民眾可自行取用（至於那些行動不便的老弱身障等人，當然可給予特別服務）。如此一來，想喝的民眾同樣喝得到茶水，且不會浪費人力、物力。

另外，每當我到大學院校或公家單位，演講或訪問友人時，一坐下來，馬上有人奉茶或遞咖啡。我有時勉強把它喝完，有時卻不喝，這都浪費了資源。若能事先問一聲，有需要才奉上，則不僅可達到服務的目的，也不會浪費資源。

總之，我們要提供的是「服務」，也就是給予便利性與即時提供服務項目，而不是專人「服侍」。

例22、選項≠選擇

二〇〇〇年我自政大正式退休後，幾乎每年都會陪同老婆到國外旅遊兩次。春節期間由於天氣寒冷，我大都選擇到亞洲旅行，尤其是東南亞；若是夏天，我就選擇歐美。

有一年春節，我打電話到某旅行社，訂位參加東京旅遊團。我得到的答覆是，那段期間的東京旅遊團都已客滿，只剩下兩個「選擇」，即九州或四國。我聽了這句話後感到有些困惑，於是問對方：「這段期間我只能去一個地方，所以我應該只有一個選擇，怎麼會有兩個？」對方回答：「我們都是這樣說的呀！不然我該怎麼說？」

這種說法就是國人常犯的毛病，沒有把「選項」（options）和「選擇」（choice）分清楚。「九州或四國」是屬於選項，所以她應該說：「你有兩個選項。一個是九州，另一個是四國。」而選擇是在同一時間內從兩種以上的選項挑選其一，或者兩種以上的選項我都不選。（這也是一種可能的選擇）

說得更明白些，選項和選擇的區別有兩點：一爲選項是受到外在的客觀條件限制，由不得你；但是選擇卻取決於主觀意願，完全可由你決定。你可以選擇「九州或四國」，或者兩者都不選。

第二種區別是，同一時間內「選項」可以有兩種以上，但是「選擇」卻只有一種——即去（從多種選項中選擇其中一項）或不去（任何選項都不選）。

例23、小氣乎？吝嗇乎？

有一次我路過某鬧區的麵包店，看到店員提供顧客試吃小蛋糕，但是小蛋糕的份量只夠塞鼻孔。我看了以後對店員開玩笑說：「怎麼這麼小氣啊！連塞鼻孔都不夠！」店員聽了以後不服氣地回應：「小氣？如果我們眞的小氣，就不會提供試吃了。」我接著又說：「如果你們連試吃都不提供，那就是吝嗇了。小氣還是會給一點點，完全不給就是一毛不拔，那就成爲吝嗇了。」

例24、犧牲奉獻

那些居上位的高官和衛道之士，常要求其下屬或後生晚輩「犧牲奉獻」。這句話講久之後，似已變成連體嬰。讓人誤解爲：「要奉獻就得犧牲；犧牲了才算眞正有貢獻。」

就教育的觀點而言，這句話十分不妥。因爲，第一，從人本的精神來看，個人的生命至尊至貴，善加維護已屬不易，怎可鼓勵或要求他人輕易犧牲。

第二，從教育的目的來看，教育的目的貴在能夠普遍實施。若某人願意主動捨己救人，如面臨墜機的駕駛員，原可跳傘逃生，但是爲了不讓飛機墜落在人群密集的市區，他卻奮力轉向近海飛，最後犧牲了自己的生命；又如那些願意抛頭顱、灑熱血的革命之士。對於他們的義舉，我們當然會油然而生感動、甚至佩服之情。但是，這些自願犧牲奉獻的人畢竟是少數，不能以他們爲例，而要求其他人也要做到如此地步。

第三，其實犧牲與奉獻並不必然要連結在一起，因爲犧牲不見得有奉獻（貢獻）。例如：發生火災時，有人明知救人無望，仍硬闖火場救親人，結果不但救不到人，還葬生火窟，白白犧牲了一條生命，眞是可惜啊！再如，看到某人不愼溺水時，明知自己不擅游泳，還是縱身一跳，結果眞的成爲「人溺己溺」。値得嗎？

第四，再說，奉獻（貢獻）也不見得要犧牲。而且，一旦犧牲了，如何還能繼續奉獻（貢獻）呢？有一次我到臺北護專（今臺北護理健康大學）演講，當時向師生說明，你們在慶祝護士節時，爲了紀念及效法南丁格爾的精神，每個學生都拿著一根點燃的蠟燭進場。我當然知道，蠟燭的象徵意義是，燃燒自己照亮別人。這種慶祝的儀式，應該隨著時代變遷而有所改變。因爲，蠟燭燒到最後就熄滅了。當今護理人員最大的困擾就是：「蠟燭兩頭燒」。不但超時加班，日夜班輪値，而且待遇也不怎麼優厚。

我當場建議，比較好的替代辦法是，不要再舉著會燃燒、熄滅的蠟燭，而換其他裝有小燈泡的手持照明器具。因爲小燈泡一樣可以照亮別人，即使電池用盡，還可以換電池或充電。它的意義是，既不必犧牲自己，還可以繼續進修或休息。

後來我聽說，慶祝護士節時，果然有些護校已不再拿蠟燭，而是改持小巧美觀的照明器具。

據說，這種思考模式後來慢慢流傳到中國大陸，最明顯具體的事實如下：文革時期，中共黨中央在媒體上極力鼓吹「雷峰精神」，要青少年學習。但不久之後我又得到一個消息，北京市教育局修改學生誓約，悄悄取消「犧牲」兩字，代之以「尊重、愛惜生命」。

從這點來看，大陸的人權教育終於向前邁進了一大步。

六、合併看

合併看是指一般人所謂的兩個不同的概念或事務，如果深入去看，其實只是同一個概念、同一件事務，或者是一體的兩面，本質上並沒有什麼差別。

例1、工作與遊戲完全是兩碼事？

西洋有一句話：「Work while you work, play while you play.」也就是說：「工作時要認眞工作，遊戲時要痛快地遊戲」；而《三字經》裡頭也有「勤有功，嬉無益」的說法。無論這兩種說法對遊戲或娛樂的價値如何加以認定，它們將工作與遊戲（或娛樂）截然分成兩回事，則是一致的。但是，工作與遊戲果眞那樣南轅北轍、互不相關嗎？我頗不以爲然。我以爲工作與遊戲同屬一種活動，而此一活動最後會成爲工作或遊戲，端視其目的之性質而定。

有人認爲，工作與遊戲的主要區別在於，前者有目的而後者則無。我認爲這種看法不完全正確。因爲遊戲時，有些人是「想打敗對方」，而「戰勝對方」本身就是遊戲的目的。即使沒有「打敗對方」之意，而純爲「取樂」，則「取樂」本身也是遊戲的目的呀！

又有些人認爲，工作時態度比較嚴肅，而遊戲時態度比較輕鬆，我認爲這種區別法也不盡然。舉例而言，在某種友誼性的球類比賽時，雙方很可能打得滿頭大汗，氣喘如牛，甚或頭破血流，並不見得很輕鬆啊！那麼兩者究竟有無差別？如果有，差別又在哪裡？

依我看來，工作與遊戲的主要區別即在於，遊戲或娛樂時，它的目的是存在於活動本身；而工作時，其目的則在活動之外。且讓我舉幾個實例來說明這句話的意義。「捕魚」是一種活動，但是這個活動對漁夫而言是一種工作，因爲漁夫之所以出海打漁，主要是爲了賺錢謀生，未必是對捕魚本身有興趣。因此，如果漁公司的老闆向他們宣布：「今天是我的生日，各位不必出海打漁，但是薪水照發！」那麼漁夫們必定高呼：「老闆萬歲！」或「祝老闆萬壽無疆！」而欣然接受。

但是對於酷愛垂釣的先生們來說，釣魚是一種樂趣。因此任憑他們的太太如何說之以「理」：「你眞傻，跑到那麼遠的地方，枯坐了老半天才釣上幾條小魚，用來餵我們的小貓還不夠吃。倒不如把省下來的汽油費讓我拿到菜市場去，可以買好幾斤魚，足夠我們一家人吃個痛快呢！」先生聽了可能仍無動於衷，照樣油門一踩，騎上機車急馳而去！其所以如此，即在於先生是把釣魚當作一種娛樂（尤其是當魚兒上鉤、水花四濺而來那一刹那的樂趣，實非外人所能體驗），而太太卻把它視爲一種工作。

反過來說，對於愛好在自家的前庭後院蒔花種菜的主婦而言，不管她的先生怎麼說：「妳眞是沒有經濟頭腦，整天在那裡澆水、施肥、除草、剪枝……。老實說，只要妳把花掉的那些水費和肥料費節省下來，我準可給妳買上一大簍蔬菜和鮮花！」太太聽了可能還是依然故我，我行我素。其所以如此，也是因爲雙方對於同一事物所持的觀點不同所致。

有位年輕的媽媽，有一天跑到她女兒就讀的幼稚園，準備向園方辦理「退學」手續。當幼稚園的主任向她問起：「爲什麼妳的女兒剛上幼稚園不久，妳就要幫她辦退學呢？」這位母親便若怨若訴地說：「每次我來這裡接女兒回家，總看到她不是在那裡唱歌、跳舞，便是在遊戲，如果上幼稚園只是這麼一回事，那我還不如把她留在家裡還省錢些！」這位母親之所以如此，即因她不明白，對孩子而言，遊戲就是他們的工作。而幼稚園所安排的各種遊戲活動，實際上並非單純的「爲遊戲而遊戲」，而是寓「教」於遊戲。也就是說，幼稚園老師是想藉著各種遊戲活動，增進幼兒對於各種形狀、數目和色彩的概念認識，發展其動作技能，甚或培養其互助、合作與禮讓等良好的社會行爲。

對於教養子女而言，一個良好的父母，應該是一位能把工作與娛樂善加統合的人。也就是說，他們既能把「呆板」或「吃力」的日常家務（工作）儘量輕鬆化、興趣化，俾使子女們都樂於參與其事；同時亦能把家中的遊戲或娛樂，儘量加以意義化、目的化，使子女能從遊戲或娛樂當中，學到一些富有教育意義的知識、技能與態度。

例2、競爭vs.合作？

常有人認爲，「競爭」和「合作」是兩種相反的現象，因而主張（尤其在教育上）只應鼓勵「合作」，而不宜鼓勵「競爭」。我的看法卻是，「競爭」與「合作」只是一體的兩面，猶如一個銅板的正反兩面，彼此原本是連結在一起，其所以成爲「正」或「反」，全因觀察的角度而異。以籃球比賽爲例，當甲隊打垮乙隊時，我們可以說，甲隊是透過「隊與隊」的熱烈競爭而打垮對方。此時，我們注視的焦點是，把每一隊當成一個整體來看；但是當我們把注視的焦點，轉移到隊內的每一個球員時，我們便會說，甲隊是透過「隊內球員的充分合作」而終告獲勝。

「競爭」與「合作」非但不是截然對立的現象，而且常是相輔相成——不但隊間的競爭要靠隊內的充分合作，即使是談合作，也要合作的雙方具備相互競爭的實力或潛能，否則眞正的合作難以達成。試看，當蘇俄的科技仍在起步時，美國是唯我獨尊，不屑一顧的。而一旦蘇俄逐漸拉近與美國的差距，甚或快要趕上美國時，美俄的太空合作便一拍即成了！又如雙打網球時，我們一定會找位球技與自己旗鼓相當、半斤八兩的人來做夥伴；如果彼此的球技水準相差懸殊，一定是搭配不起來的。

在教育上，我們固然要鼓勵合作，但也不能避談競爭，因爲有競爭才有進步。我們所反對的不是競爭本身，而是「不公平」的、「過度」的競爭。至於公平、適度的競爭（尤其是自己與自己競爭），還是有其必要。

例3、和諧 vs. 衝突？

一般人常認爲，和諧與衝突是兩個相對立的概念，但我卻認爲，在某些情況下，這兩個概念其實是屬於同一種現象，甚至是互補的。以拉小提琴來說，小提琴之所以能夠奏出美妙的樂音，有時是靠弦與弓激烈、快速的擦撞所造成。另外，巨浪拍岸也是依靠海浪劇烈撞擊岩石，才會濺起美麗的浪花。因此，只要衝擊（衝突）的時間點正好、碰觸點正確，就會造成和諧。

再拿夫妻間的衝突而言，它亦非全然是壞事。因爲，經過衝突之後，才會更了解對方的看法或立場，而換來日後更和諧的夫妻關係。所謂「不打不相識」，也是這樣的道理。

例4、瞬間 vs. 永恆？

我們通常認爲，瞬間與永恆是兩個對立的概念。但是，有時候這兩個概念也可以合而爲一。

幾個月前，臺北市某一私人文化機構，舉辦一場「普立茲新聞攝影獎」（The Pulitzer Prize Photographs）作品展，它的海報標題即爲「瞬間的永恆」。我認爲，這個標語的意義非常深遠。他們之所以使用這個標題，乃因該展覽的每個作品，都是早期著名的新聞攝影記者，針對特定事件而拍攝的不朽作品。比方說，二次大戰時最先登上硫磺島的三個美國士兵，在島上插下美國國旗那一瞬間的鏡頭。又如：美國從越南撤兵，一位美國士兵剛下飛機時，與奔向他的女兒，準備擁抱的那一瞬間。這些得獎作品都是瞬間拍攝下來的，但是因爲內容深具歷史意義及人性光輝，再加上攝影技術高超，才得以永久保留下來。

例5、因材施教 vs. 有教無類？

國內最近為了推動十二年國教的問題，鬧得沸沸揚揚，其中最關鍵的問題即，該不該讓明星高中繼續存在？如果繼續存在，這些高中如何辦理特色招生？贊成保留明星高中的那一派，所持的理由主要是「因材施教」；反對者所舉的大旗則是「有教無類」。

我對於因材施教和有教無類此兩個概念的關係，既不視為是對立的，也不認為應有先後之分（先有教無類，再因材施教）。而是認為，兩者非但應該並存，而且應該並重。換言之，因材施教不但沒有違背有教無類的原則或精神，甚至可以進一步說，若非因材施教，即無有教無類可言。

許多人認為，學校應該分社區高中和明星高中；而校內也要分資優班、普通班、放牛班，如此才能因材施教。我非常反對此種「分而教之」的做法。因為我認爲，在一個民主社會中，我們不能把人民區分成聰明、愚笨，或富有、貧窮，令其各歸一類，而是該鼓勵不同族群、秉賦或社會階層、類別的人互相接觸，以增進了解、溝通的機會，進而相互合作。如果在學校即將他們分門別類，會讓他們從年輕就互相輕視、敵視。

另外，就教學而言，即使不分班、不分校，照樣可以實施因材施教。能力分班絕對不是一件正確的事，但是，若在同一年級各班條件大致相同的情形下，在班內採取分組教學倒是可以。分組的方式至少有兩種，一是「同質分組」，即依據學生程度分高、中、低三組，每組的教學內容和方法可以有別。另一種方式我認爲較爲理想，即「異質分組」，也就是每一組學生中，平均分配有高、中、低三種程度的學生。

「異質分組」的優點在於：完全符合民主社會的原則，可採主題式教學，語文程度好的人負責撰寫報告，美術設計程度好的人負責美編和設計，沒有特別專長的人則負責一般性的事務，如採買、剪貼等。換句話說，智能高的人做抽象性的工作，智能普通的人做技術性、操作性的工作。如此一來，不但能共同完成一項作品，且每個人都能有所貢獻，並得到成就感。像這類「主題式的合作學習法」，既符合有教無類之精神，也可發揮因材施教之功效。

例6、異想天開？

二○一三年九月十日，國內的媒體紛紛報導，三位美國的化學家卡普拉斯、李維特、瓦歇爾，以電腦模型模擬複雜的化學程序，同獲諾貝爾化學獎的消息。

三人的創舉在於，把古典物理學和量子物理學的方法混用。過去化學家想要在電腦上模擬複雜的化學程序，必須選擇以牛頓的古典物理學或量子物理學爲基礎的軟體，但他們三人發展的電腦模型，卻把兩者混用（合併看），「在這兩個世界之間開了一扇門」，他們的方法可用於研究所有的化學反應。

七、類推看

當你對某事一時分辨不出對或錯時，可採類推看的辦法，先找一個類似而簡單的例子想一想。等你想通之後，再回頭推論目前碰到的問題是否合理？未幾，答案立現。

例1、心同此理

早年我在美國留學時，是靠著在中國餐館打工賺取學費。有一次，一位中國餐館的老闆對我說，如果你要辭職，必須在一個星期前告訴他。我覺得這個要求有點奇怪，於是反問他：「爲什麼一定要在一個星期前告訴你呢？」他說：「倘若你不事先告知，我可能會一時找不到人代替，而影響生意。」我想了一下之後，就回答他：「我可以答應你，但是我同樣有個要求，如果你要炒我魷魚，也請你在一個星期前告訴我。」老闆卻說：「我怎麼能事先告訴你？如果事先告訴你，你可能就會開始打混摸魚。」我不服地說：「你說，若我不事先告訴你，你擔心會找不到人。同樣地，如果你不事先告訴我，我也怕一時找不到工作啊！」老闆聽了以後無言以對。

例2、判斷同一事物，不能採用雙重標準

早年，我常受到公家機關邀請批改考卷。批改考卷的報酬，一般公家機關是採統包的做法，即全部改完給多少錢。但有少數幾次，碰到對方採論件計酬的作法。因為在改考卷時，常會碰到幾份缺考的空白考卷，因此有些機關就扣除缺考考卷的批改費。我覺得這種作法太小家子氣，同時也不尊重閱卷者。因為，我們已經把時間空出，並不會因為少改幾份考卷就能去做別的事。

為讓對方了解他們的作法不盡合理，我乃反問：「你們的邏輯是：沒有批改的考卷就不付錢，這固然有點道理，但是我想請問，對於那些缺考的人，你們有退回部分的報名費嗎？」對方一聽為之語塞，倏忽了解到自己的不盡合理。

例3、別人沒交代，你就沒責任了？

有一次我請朋友在餐館用餐，已經上到最後的甜點、水果時，我忽然發現少上了一道菜，因此告訴服務生，還有某道菜未上。沒想到他竟然理直氣壯地回答：「剛才為你們服務的人已經離開，他沒有交代我這件事。」說完後也沒有採取進一步的行動。對於他這種態度，我頗覺不滿。照道理說，他應該先道歉，然後儘快補送那道菜，沒想到他一副事不干己的態度。

為了讓他知道這種態度不對，於是我把錢先交給座中一位好友，然後對他說：「我先離開，你們吃完甜點後就直接離開，假裝不付錢。那位服務生一定會擋住你們，要你們付完帳再走。那時你就回答：『還沒有付錢啊？剛才那位請我們吃飯的朋友沒有付錢就離開了嗎？他並沒有告訴我們要付錢啊！』」

那位服務生聽了我朋友的說辭，果然不知所措，那時我的朋友才對他說：「雖然他已經離開，但我們還是有責任付錢。」

例4、只以身高論票價？

有一次我帶次女去某個遊樂場。當時我的女兒不滿十二歲，所以爲她買了一張兒童票。但是要進場時，收票員卻要求我們爲她買全票。我問他爲什麼？她說：「因爲你女兒的身高超過規定的高度。」沒想到，年紀小小的女兒竟然也會以「類推法」反駁收票員。她說：「你們認爲，即使未滿十二歲，但只要超過規定高度就要買全票。那麼，請問那些身高不到規定高度的成人侏儒，是不是可以買兒童票？」售票員聽了無言以對。

例5、學校不必教母語？

現行的小學新課程，有一門「鄉土語言」的必修科目。當初剛推動時，有人主張採用「母語教學」的名稱，但我卻反對此一建議。理由之一是，若叫「母語」教學，就會給人一個反對的理由：「母語就是母親講的話，既然是母親講的話，只要在家學習即可，何必還要在學校特別設這個課程？」

如果此種說法說得通，那麼，日本的小學生就不必在學校學日語，而德國的小學生也不必在學校學德語……。

再說，臺灣目前年輕一代的閩南籍父母，本身多半不會說閩南語或是說得不正確，這樣他（她）們要如何教下一代？就算他們會講，也缺乏時間教。可見，上述的反對理由是站不住腳的。

例6、金牌數與人口多少無必然關係

近十年來，中國大陸在各方面都有飛躍性的進步，尤其在體育方面更是如此。以上屆的北京奧運而言，囊括的金牌總數首度超越美國。大多數人把原因歸於「因為他們的人口眾多呀！」但我對此說法不以為然。因為，自從有奧運以來，中國的人口一直都是最多的，但是為什麼直到二〇〇四年雅典的奧運，中國的選手劉翔，才拿到第一面奧運金牌？

再拿人口第二多的印度來說，他們在亞運的表現，甚至落後於臺灣；而鄰近美國的小國牙買加（Jamaica），他們在短跑的表現，遠優於美國；另外一個小國古巴，也在排球和棒球方面擊敗過美國。由此可見，「因爲人口多，所以表現好」是說不通的。

例7、個中道理皆然

我在授課時，常常告誡學生：「將來你們去學校教書時，一定要『看人教書』，而不要『看書教人』。」理由很簡單，書只是媒介或手段，學生（人）學會才是目的。倘若太專注於手段，就會忘了目的。

爲了闡述個中道理，我常問學生：「有誰看過哪位名廚是看食譜炒菜的？名廚一定是看菜炒菜的！」再看世界級的名導演，如日本的黑澤明，他從來不會緊盯著劇本導戲，而是隨著情境需要，讓演員適度、適性地發揮。

有一次我觀賞一部世界十大名鋼琴家的演奏紀錄片，看完之後猛然發現，這十大演奏家，沒有一位是看樂譜演奏的。

但是，我上述所舉的例子，並不是在否定教科書、食譜、劇本、樂譜的重要性。而是說，這些是在上場前就需要詳加研究、徹底了解的。一旦上場，就要把焦點放在學生、食材、演員及樂器上。

例8、原來如此！

一九七〇年代初，我在美國某一私立大學任教時，有一次，我在和一位美國教授聊天中忽然問起：「你的房租一個月多少？」沒想到他聽了以後面有慍色，反問道：「你問這個幹嘛？」我當時不解，這麼尋常的問題，他有什麼好生氣的？經過一段很長的歲月，我深入了解美國文化之後，才恍然大悟。

早期美國的房屋貸款，只能貸到借款者固定收入的一定比例。因此，他若說出房租，你就可以間接推算出他的薪資，而薪資就美國人來說是件很私密的事，他認爲我侵犯了他的隱私，難怪會不高興。

例9、國粹就必須列入中小學的必修科目？

早期，國民中小學在修訂中小學課程標準時，一些擁護中華文化傳統的人士，主張書法課應列入必修科目，因爲他們認爲書法是國粹。當然，書法的確是國粹，值得保存與發揚，但是據此而列入必修，那就值得商榷。書法僅是國粹之一，如果書法因爲是國粹而列入必修，那麼，依此類推，平劇、中國功夫、太極拳等也都是國粹，是不是也要列入必修？

時代在改變，學生所要學習的知識愈來愈多，在有限的時間內，對於必修科目，更應該詳加斟酌。我不反對修習書法有它的優點，但若放在選修課，或是社團活動，不是更恰當嗎？

例10、小心你的因果推論！

幾年前，報上曾報一則消息，說是臺灣青少年的憂鬱症比率近來逐年增加，並且湊巧的是，其開始增加的年份與開始實施教改的時日幾乎一致。因此，反教改人士乃趁此大作文章說：「這又是教改造的罪孽之一。」

我的看法是，青少年憂鬱症比率提高，與教改實施的年代幾乎同時，這雖是不容否認的事實，但不能因此就推論是教改造成的。

當我們看到兩個現象A與B（A：教改；B：憂鬱症）有關聯時，不能立下判斷說，A就是造成B的原因。我想問的是，他們有沒有同時調查成年人的憂鬱症，這幾年有沒有增加？如果成年人的憂鬱症並沒有從教改實施那一年逐漸增加，那你還可以說是，教改造成青少年憂鬱症的增加；但若成年人的憂鬱症也從教改實施那年開始逐年增加，那麼，就不是教改造成青少年憂鬱症，而是另有其他原因。

近幾年來，臺灣的政治、社會紛紛擾擾，而經濟又長期不景氣，子女深受父母心情苦悶的影響，也大有可能提高憂鬱症。

八、深入看

重要的事物通常是肉眼看不到的，譬如：自由和空氣都很重要，但是，你看得到自由和空氣嗎？因此，無論人、事、物都不能只看表象，而是應進一步用心推究其本質。

例1、不能單看表面數據

我一向反對中小學的體罰，但是，當教育部宣布廢除體罰時，曾引起正反雙方的激辯。在我曾參加的一場辯論會中，一位贊成體罰的保守派代表，指著我說：「黃教授，擁有留美教育博士學位的你可知道，即使到今日，民主程度最高的美國，目前在五十州當中，實施體罰的州數，依舊多過反對體罰的州數，你還有什麼話說？」

我答：「我還是有話說，你列舉的數字雖然是事實，但是我想請你深入看以下兩個事實：一、不知你有沒有注意到，那些實施體罰的州分布在哪些地區？是不是集中在南部和中部？而那些反對體罰的州，是不是都分布在東北部和西部？我想你也知道，南部和中部是教育、文化比較落後的州，而東北部和西部是教育、文化比較進步的地區。你認爲，臺灣應該向哪一方學習？

第二點，就算以數目來看，你的論點也不見得有勝算，因爲，美國的州有大有小，人口最多的紐約州和加州，一個州的人口，就可以抵得上南部好幾個州的人口。你不能只依據表面上的數字論斷，而應該深入探討，才能看出事情的眞相。」聽完我的答辯，那位教授一時語塞。

例2、二者不能混爲一談

臺北市教育局已正式宣布，從二〇一三年八月一日開始，它所管轄的兩所高等教育機構——臺北市立教育大學、臺北市立體育學院合而爲一，成爲綜合型大學「臺北市立大學」。

早年我也曾經應臺北市立教育大學之邀，參加改制綜合大學的內部協調會議。

當場有位教授表示不樂觀，他認爲通過改大的可能性不大，因爲，臺灣的大學數目已多達一百多所，單是臺北市的大學，就已經超過數十所。我當時即以不同的觀點反駁他。

我說，臺灣的大學固然很多，但是，這不能成爲拒絕臺北市設立大學的理由。環顧世界各主要國家，如美、英、德、法、義、韓、日本等國，幾乎皆有以首都或首善之區的名字，命名國立或市立大學，如倫敦大學、巴黎大學、東京大學、首爾大學等，那麼「臺北」爲什麼不能做爲大學的命名？就算已經有國立臺北大學，但是國立大學的課程是依國家的需要而設立；而臺北市立大學有其特殊需要，如市政府的市政規劃、交通規劃等，臺北市是不是也應該爲其特殊需要而培養特殊人才？再說，一個私人機構或財團就可以辦大學，爲什麼首善之區的臺北，不能有一個市立的臺北大學？

上述論點對於去年（二〇一三）八月剛成立的臺北市立大學，是否有催化作用，我不得而知，但是聽到這個好消息，我不禁深感欣慰。

例3、素質究竟是降或升？

民國八十三年，「師資培育法」頒布後，臺灣的師資教育正式從封閉式走向開放式。但是，雖然開放已近二十年，我們仍然聽到有一種聲音說：「師資培育多元化之後，中小學師資的素質已經降低。」尤其是數萬名所謂的「流浪教師」的存在，更常被拿來做爲師資培育開放後遺症的佐證。

但是我卻不這麼做想。數萬名「流浪教師」的存在固然是事實，但那是因爲開放初期，教育部沒有立即指定專門機構，正式實施教師檢定考試使然（正式的教師檢定制度，至今不過實施八年）。

事實上，至今爲止，我尚未見過任何教育部主管單位或學術單位，甚至某位學者，對於傳統師資培育機構（如師範大學、教育大學）的畢業生，以及一般大學教育學程畢業生的表現，進行全面性的實證研究。因此，孰優孰劣很難論斷。

不過，歷年來，國立教育研究院所主辦的中小學師資檢定考試的結果，的確顯示，傳統師資培育機構的畢業生，表現優於一般大學教育學程的畢業生。縱然如此，也不能因此即論斷全國中小學師資的素質降低了。因爲，傳統師資培育機構畢業生的通過率也不過八成，仍有兩成遭淘汰。如果不開放師資培育，這原本會被淘汰的兩成，也都會去當老師。但因爲開放師資培育，這兩成就被一般大學教育學程的畢業生中，通過師資檢定者取而代之。

這麼說來，就整體而言，應該是師資素質提升了才對。更何況，傳統師資培育機構的畢業生，頂多是大學畢業生，而研讀一般大學教育學程者，有許多甚且是碩士生或博士生，如此更不可能降低師資素質！

再進一步深入分析，自九年前教育部正式實施教師資格檢定以來，各類科教師檢定的及格率平均大約是六成左右，但是，擁有教師資格證書不保證一定有工作，因爲還必須參加各縣市或各校辦理的教師甄選。

根據報載，二〇一三年五月，一〇二學年度公立高中職聯合教師甄選，共一百二十七校釋出四百四十四個缺，有八千三百〇三人報名，錄取率百分之五點三，較去年的百分之四點五稍高一點。根據這些數字來看，足見要擔任中小學教師何其難！若非非常優秀的人才，是很難通過甄試的。

總而言之，開放之初，因未嚴格執行統一的教師資格檢定考試，遂讓所有的師資培育生都能擔任中小學教師，如此一來，當然會降低師資素質。但自從教育部正式實施教師資格檢定考試之後，師資素質應該是不降反升才對。

例4、都是「高教開放」惹的禍？

同樣的道理，近來社會各界幾乎槍口一致批評：「政府的高等教育政策犯了很大的錯誤！」其中之一是，大學數量快速膨脹至目前的一百六十多所，從而大大降低了大學生的素質，並因此導致大學生就業不易、薪資降低。

上述的批評確有其事，但若從另一個角度看待此事，就不會如此悲觀。今日，報考大學的考生當中，能夠順利進入大學校院就讀者，已達百分之九十，其平均素質當然比不上未開放前僅有百分之四十錄取率的考生；但若拿前百分之四十的大學新生素質，與過去錄取率爲百分之四十的大學生素質相比，兩者的素質應該相去無幾，甚至可能略勝一籌，因爲現在的師資較過去提升，設備也比以前完善。

就算今日整體大學生的素質不如過去的大學生，但若就全體國民的素質而言，應該是提高了，因爲有更多人接受了高等教育。至於二十二K（薪資降低）的說法，我認爲那是就全體畢業生的薪資而言，若就前百分之四十優秀畢業生的薪資來看，應該不會低於過去大學生的薪資。

例5、教學時數增多，學生的素質就會提高？

國內課程改革困難之處在於，各個學科領域都自認爲該科目非常重要，而分配到的教學時數不足，因而希望教育部增加該科目的教學時數，但教育部囿於總時數的限制，無法符應所求。

此外，有些學科牽涉到意識型態，像是歷史科、國文科，常引起爭執，對立的雙方各堅持己見，難以達成共識。以現行的高級中學課程綱要修訂爲例，由兩位著名的學者專家余光中和張曉風，所發起的「搶救國文教育聯盟行動」，對教育部提出幾點要求：一、增加高中國文教學時數；二、增加文言文的比例；三、將中華文基本教材（主要是四書五經），由選修改爲必修。

我對他們的主張持保留態度。因爲，無論就學理或實際運作來說，都無法證明，教學時數多，學習效果就會提高。決定學習效果最大的因素，其實是在於學生的學習動機，以及教師的教法。以芬蘭的教育爲例，芬蘭的學生在國際上的學術競賽中，經常名列前茅，尤其是數學。但是根據國際的教學時數調查顯示，他們的教學時數卻是國際中最少的。可見教學時數多寡，和學習成效不盡然成正比。

另外，學生的學習並非只來自於正式課程。例如國文，正式課程雖然每週只有五至六個小時，但是，學生在學習其他科目時，也會使用到國文，而老師教學時也用到國文。此外，學生在生活中的所見所聞，也都牽涉到國文。

該聯盟爲了強調學習文言文的重要，提出：「不應輕忽文言文的重要，因爲在現行的白話文中，有許多成語都來自於文言文。如朽木不可雕、四面楚歌、班門弄斧等。」我想，既然現行的白話文中，已經有許多文言文。那麼，文言文所占的學習時數絕不會如該聯盟所指出的那麼少。

例6、沒必要開「認識臺灣」這一門科目？

李登輝擔任總統時，爲了推動本土化，要求教育部在國民中學的課程綱要中，加上「認識臺灣」這門課，最主要的目的是加強國中生對臺灣地理、歷史、文化的認識。李總統的立意雖佳，但還是受到少數親中派人士的批評。其中有一位著名的媒體界重要人物說：「把『認識臺灣』當作一門學科來教，是件荒唐的事。因爲這是開給外來移民，而非本國人民研讀的。」

他的說法並沒有錯，但是就臺灣這個例子來說，就不盡然正確了。美國是一個移民國家，對於外國移民或入境打工者，的確會發一本「Knowing American」（認識美國）。但是，就臺灣當時的情況而言，在國中開設「認識臺灣」這門課是有必要的！因爲在當時威權體制下，學校所開設的歷史、地理，談的都是中國的歷史、地理，對於臺灣的歷史、地理，不是輕描淡寫，就是闕而弗錄。在此情況下，住在臺灣的人都不認識臺灣，那麼，開這門課有何不妥？

從外國人的觀點看來，在學校開「認識臺灣」這門課，的確有些荒唐，但這也反映出臺灣人民可悲之處，身在臺灣，卻不認識臺灣！

例7、不能以偏概全

兩年前，我看到某名主持人在電視上，拿著一張日據時代出租汽車和司機的照片，向觀衆說：「你們看，日據時代多進步啊！連出租汽車的司機都穿西裝、打領帶，水準多高呀！」

那張照片的確是當時的眞實寫照，但若單從這張照片就論斷，當時的經濟、文化水準高於今日，那就是以偏概全了！因爲日據時代能夠搭乘出租汽車的，都是達官貴人或地方仕紳，要爲這些人服務，衣著當然不能馬虎。但是現在的計程車多如過江之鯽，幾乎人人搭乘得起，當然就無須那般講究穿著了。

九、相對看

事物的道理很少是絕對的。因此，有時要改用相對的角度觀察事物，才能看出道理所在。

例1、角色不是絕對的（一）

有一次，我回到母校埔里初中參加同學會，彼時的校長正好是我任教政大暑期進修班時的學生。因此，在同學會及拍照時，他都請我坐主位，以示敬師之意。我雖婉拒，他卻以我是他的老師而堅持如此，來回禮讓數次後，我即告訴他：「我雖然是你的老師，但今天我是以母校的學生身分參加同學會，而你是代表母校的校長，理當坐上位。如果同學會結束後還有餐敘，那時你再請我坐上位，我就會接受而不再客氣了。」

我是想告訴他，老師和學生的角色不是絕對的。我不太贊同「一日爲師，終生爲父」的觀念，反倒認同「先聞道者爲師」的看法。比方說，我的女兒教我電腦，她就是我的電腦老師；我的學生教我繪畫，他就成了我的繪畫老師。

例2、角色不是絕對的（二）

七、八年前，我同樣回到母校埔里初中，參加五十周年校慶慶祝大會。大會在操場舉行，當時的校長是我埔里初中及師大的學長及好友。他一看到我，即邀請我上講臺就座貴賓席（我時任淡江大學教育學院院長）。我堅拒上臺，而選擇和歷屆校友一起留在操場參加開幕式，及繞場一周的分列式。因爲我非常明白，今天我並非以院長身分參加校慶慶祝大會，而是以歷屆校友的身分參加，所以不該坐在貴賓席。

但我又同時發現，坐在臺上貴賓席者，有幾位是晚我幾屆的校友，因爲他們時任立委，而理所當然地坐上貴賓席。更諷刺的是，曾經教過他們的老師們卻坐在他們後面！我當時眞想對他們說：「小老弟呀，你們怎麼可以坐在上面！別忘了，你們今天的身分是歷屆校友，而不是立委，怎可坐在上面接受其他校友的行禮致敬？」

例3、角色不是絕對的（三）

我的四弟在政大進修班任教時，有一位學生正好是他攻讀臺大時的師母，他深覺尷尬，不知該如何稱呼她。我告訴他，上課時可直呼其名，但是離開教室後，在非正式場合就尊稱她「師母」，因為你們的關係是相對的，而非絕對的。

例4、沒有初級，哪來高級？

我們現在的學制仍有一些高商、高工等職業學校。他們的正式名稱是「國（市）（私）立××高級中等工（商）（農）業（家職）職業學校」，我認為此一冗長的名稱中，至少「高級」兩個字要去除。因為，「高級」和「中等」是不同等級的名稱，不能並存。此外，高級是相對於初級而言，因為早期有「初級」職業學校，為了區別而有「高級」職業學校的稱法。如今已廢除「初級」職業學校，那麼「高級」這兩個字就沒有必要繼續留存了。

例5、沒有「二」的序號，哪來「一」？

幾年前搭公車路過臺師大時，車內就會廣播「師大站到了，下一站是師大一（站）」我當時覺得，既然有師大一，是不是應該有師大二？但事實上卻沒有。既然如此，怎麼會有師大一？應該把師大站改爲師大一，而師大一改爲師大二才對，因爲一和二是相對的名稱。就如同住家，如果是住在平房，就不要說住一樓，因爲沒有二樓，哪來的一樓！

例6、沒有「二階段」，哪來「一階段」？

早期大學校長遴選，需經過兩個階段，第一階段是由各校自行遴選，再將得票最高的前兩位候選人資格，送交教育部做最後裁定，此稱之爲「二階段遴選」。但是，「二階段遴選」實施一段時間後，衍生出一些問題。包括：一、大學增多，從而增加教育部的經費負擔；二、遴選時間拖長；三、教育部最後決定的人選，常與學校得票數優先順序的人選不符而引起爭議。最後遂修改大學法，廢止兩階段遴選制，改爲所謂的「一階段遴選制」。

我同意既然是大學自主，校長遴選就該回歸各大學自行決定。但是，我對於「一階段」這個名稱有意見。「一」階段與「二」階段是相對的名詞，當你說「一階段時，即表示下面還有「二」階段、「三」階段……。既然已經沒有「二階段」了，爲何還稱「一階段」？比較適當的名稱應該是用「一次遴選」。

例7、什麼叫「高級的外省人」？

二〇〇九年，我國派駐加拿大的新聞組組長郭某，曾在他自己的網頁，批評國內的事務，由於文中出現「我們這些高級外省人」的字眼，結果引起各方撻伐。

我個人覺得，這位自視甚高的官員實在是愚蠢至極！因爲「高級」的外省人相對應的不是「低級」的本省人，而是「低級」的外省人。就好比說，高級的蘋果，相對應的並非劣等的香蕉，而是劣等的蘋果。

如果真有所謂的「高級」的外省人，那麼，誰又是「低級」的外省人？所以他這句話不僅惹火了所有的本省人，也得罪了外省人。

十、平均看

所謂「平均看」即是，當你在比較A和B兩件事時，不能舉A最好的一端和B最差的一端相比，而應該是拿A和B的平均值相比。這才是比較公平、客觀的作法。茲舉兩例如下：

例1、要比就要比平均數

時至今日，仍有許多人（尤其是大學教授）認爲，「教育專業科目」（如教育理論、教育方法……）的學習可有可無，只要學問好就是個好老師。

他們常用來證明此論點的例子是，臺大理學院的名譽教授楊國樞，以及政治大學法學院的名教授朱堅章。他們並非師範院校出身，從未唸過任何一門教育專業課程，卻能夠教得非常傑出，大受學生歡迎。反過來說，國內外教育院校出身並在教育系所或學程擔任教職的一些教授，雖號稱教育博士，卻被批評不會教書。

這種比較方式是不公平的。較公平、客觀的比較方法應該是，對國內所有的公私立大學隨意抽樣，先抽出一百個具有博士學位，但未修習過教育專業科目的大學教師，再抽出一百個具有博士學位，但卻修習過教育專業科目的大學教師。然後以問卷調查的方式，向雙方的學生、同事調查這些教師的表現孰優孰劣（可分成五個等級：非常傑出、相當不錯、普通、不怎麼樣、很差，讓受調查者圈選）。

若經過這種科學化的實徵調查，發現受過教育專業訓練的老師，其表現比未受過教育專業訓練的老師差，你才能下結論說，教育專業訓練沒有用。總之，不能拿雙方極端特殊的例子做比較，而應以雙方的全體平均表現做比較，如此才算公平。

例2、「二十二K」並不能說出全部的眞相

近幾年來，大學畢業生的起薪過低（二十二K），引起許多人的關注與批評。爲了凸顯此事的嚴重性，報紙紛紛刊載，某些高職畢業生，如冷凍空調、汽車修護等科的畢業生，起薪可達三十三K以上。

這些報導可能是事實，但是一再強調此事，很容易誤導人產生「學歷無用論」的結論。根據我的了解，無論是國內或國外的調查研究都證明，受僱者的學歷愈高，其平均薪水也愈高。

另外，眞要比較，也應該是以大學畢業生的平均薪水，與高職畢業生的平均薪水相比，而不能拿大學畢業生的最低起薪，與少數高職最熱門科別畢業生的最高起薪相比；或者，應拿非技術性的大學畢業生的平均起薪，與高中畢業生的平均起薪相比，或以科技大學畢業生的平均起薪，與高職畢業生的平均起薪相比。除非能證明，在這樣的比較基礎下，高中職畢業生的平均起薪，仍然高於大學或科大畢業生的平均起薪，否則，學歷還是很有用的。

更何況，受更高一層教育的價值，不單單是爲了薪水，而是有更多機會培養一個人的見解、氣度、眼界，以及拓展人際關係。所以說，接受更多的教育，還是有它的價值與功用。

例3、關於SSCI和SCI的幾個盲點

最近有關國內的高等教育評鑑、大學排名、教師升等、獎勵制度等，因爲過度重視SSCI、SCI的論文發表數及被引用數，而頻遭詬病。詬病的理由包括：導致大學只重研究而不重教學；重理工而輕人文；並且，誘發少數學校以高薪向國內外大學及研究機構挖角，藉以提高該校的論文發表數及排名。

此種高薪挖角的作法，我認爲有如下的幾個盲點：

一、就算要看論文發表數，也不能只看論文總數。因爲學校有大有小，教師有多有少。正確的作法應該是，以論文總數除以教師總人數，看平均每位教師的論文發表數。

二、要看論文發表者，是否集中在少數精英。正確的作法應該是，以論文發表人數除以教師總人數，方能看出平均每校有多少位教師發表過論文。

三、以高薪挖角是很危險的事，因爲，既然甲校能用高薪向乙校挖角，難保日後不會有丙校，以更高薪向甲校挖角，這樣一來，甲校不就前功盡棄了？

十一、權衡看

所謂「權衡看」即，當我們對一件事不知如何取捨時，可以拿一個與此事極其類似的事相較。在「兩害相權取其輕」的原則下，答案就浮現出來了。

例1、兩害相權取其輕

二〇一三年六月五日，經濟部智慧財產局，爲了封鎖國外重大侵權網站，擬制定類似美國的禁止網路盜版法案（SOPA）。消息一經媒體披露，立刻引起各界（尤其是學術界和媒體界）撻伐。因爲他們認爲，此法一旦通過，將嚴重剝奪人民的言論自由、新聞自由，和資訊接觸權。

國內著名的網路作家及導演九把刀即批評說：「我很討厭版權被侵犯，但我更討厭臺灣變成一個翻牆國（註：大陸政府曾以軟體「綠壩」過濾網站，民眾想辦法「翻牆」破解。所謂「翻牆」就是要學習新技術，去破解伺服器，才看得到想看的網站。）九把刀這句話的意思是指，個人的版權被侵犯，損傷的是個人，但是此法（SOPA）卻會讓更多人被侵權。我們不能爲了保護少數人，而傷害了數以百萬計網友的權益。在「兩害相權取其輕」的考量下，自是不應讓該法通過。

例2、保護思想自由重於取締色情

從此例讓我想起，早年我在美國教書時，所碰到的一個類似的案例。某一天，我從《紐約時報》看到一則消息，它的標題大意是：美國有一個修女團體，反對政府取締黃色書刊。此一特別的標題，一下就吸引了我的注意。我邊看著標題，心裡邊納悶，若是向一般人民（尤其是臺灣人民）做個民意調查，問大家贊不贊成取締黃色書刊？相信絕大部分的人民都會贊成吧！而修女一向被認爲是最保守、最嚴守道德規範的，想必一定贊成無疑，怎麼反而會出來反對呢？

待我仔細看完報導內容才恍然大悟。因爲這些修女認爲，若政府擁有那麼大的權限，可命令人民什麼東西可看，什麼東西不可看。那麼有一天，人民將完全失去新聞自由、思想自由及言論自由。在兩害相權取其輕的情況下，她們最後決定，寧願讓色情書刊氾濫，也不願失去資訊及表達的自由。美國的建國大功臣之一的佛蘭克林（Benjamin Franklin）也曾提出警告：「爲安全理由而犧牲自由者，終將一無所獲……」

看完此則消息，我除了對她們明智的抉擇深感欽佩之外，也認爲，即使要遏止色情書刊氾濫，也應該是由相關的民間團體，如媒體，自訂規範並嚴加自律，而非由政府機關運用公權力，強行禁止。

例3、反恐與隱私權，孰輕孰重？

二〇一三年六月初，美國爆發一件震撼全球的新聞，即美國一位年僅二十歲的美國情報局雇員史諾登（Edward Snowden），向國際媒體揭發，美國自從九一一事件後，即開始對國內外全面偵蒐網路和電話訊息。

事發後，美國政府辯稱，這是爲了反恐不得不採取的措施，但是此案仍引起國內外強烈反彈（尤其是歐盟國家）。因爲，恐怖事件並非天天發生，恐怖分子仍是少數（當然，受害人數不少）。但是，美國政府監控偵蒐民衆網路和電話資訊，卻是天天發生，而且受侵害的是全球人民的隱私權和資訊自由權。

經過權衡，此兩者分別造成的損害，孰重孰輕不言可喻。

十二、長期看

例1、實施國家賠償法眞的會拖垮財政？

早年，立法院在制定國家賠償法的過程中，有一種反對的聲音說：「我們政府的財政向來不充裕，一旦實施，長期恐不堪負荷。」但是實施十幾年後，並未見拖垮國家財政。

我想，這是因爲在未實施前，政府機關做錯事不必賠款，因此侵害人民權益的案件層出不窮。實施之後，公務人員行事開始趨向謹慎，使得侵權案件大幅減少。如此一來，政府就不必像剛開始實施的頭一、兩年，要編列大筆預算作爲賠償。

例2、違規的攤販眞的無法處理嗎？

國內攤販充斥的問題，一直讓地方政府深感頭痛。比較有爲的地方政府，雖然試圖興建公有市場，讓攤販進駐，以維護環境的整潔衛生。但是成效不佳，最後大都淪爲蚊子館。

此一現象的形成其實不難理解，因爲攤販和消費者都會自問，進入公有市場做買賣的利弊得失是什麼？對攤販而言，進入公有市場必須付租金；其次，如果我遷入市場，而其他攤販並未遷入，消費者會捨近求遠進入市場向我購買嗎？

再就消費者而言，同樣的東西，市場內販售的當然比較貴，因爲要付租金；同時，在外面購買較方便。在如此考量下，消費者自是不願進入市場購買。

要扭轉上述情形的基本原則是，政府必須做到，讓消費者感到「在市場內購買好處多多，而在外面購買則無利可圖。」

比如說，當新市場開張時，即公開宣布：若消費者在市場內購物，少一兩賠一斤；不新鮮包換；在市場內若吃到壞東西，醫藥費由公家償付；在入口處設一間托兒和寄託物品的服務處；天天實施食品衛生檢測；可向攤販索取發票等等。如此一來，消費者一定願意在市場內購物。

一般人或許會質疑，這些優惠措施的錢要從哪裡來？很簡單，向租攤者徵收而來的租金和賠償費，即足可應付。剛開始，攤販可能真的需要付一些賠償費用，但長此以往，營業方式改善後，這些賠償的現象就會逐漸減少到最低。

再就攤販而言，政府可以宣布，剛遷入市場的前幾個月不必付租金，但需自付水電費，以及自行清掃。等到生意穩定，客源漸增，政府再來收取租金。

就市場的管理機構來說，剛開始管理時，可能要花一筆錢，但長期來看，還是遠比讓市場變成蚊子館來得好。

例3、到底哪一個比較浪費時間？

多年前，有次我應邀到高雄師範大學所召開的教師研討會，向全校教師演講時，我提到，老師在教學時，不要一個人從頭講到尾，而要留點時間讓學生發問，或者提出問題問學生。結果，有位老師站起來說，這樣做雖然不錯，但是會浪費時間。我想了一下，便回答說，從短期看來，問問題好像是在浪費時間，但從長期看，學生如果沒有養成發問的習慣，學會發問的技巧，那麼，他們終其一生將浪費更多時間，及錯失許多寶貴的學習機會。正如西諺所云：「好問的人只做了五分鐘的愚者，而恥於發問的人則終身爲愚者。」

十三、迂迴看

例1、先看貨色，後論價錢

有一年，住在美國的三弟打電話給我，說他所屬的一個協會要在賓州一個名爲Pocono的避暑勝地，召開學界與僑界領袖聯誼會，其中有幾場演講，問我是否有意願參加並發表一場公開演講？如果同意，他們將負擔演講者當地的膳宿及交通費，機票則要自理。

我表示很願意參加，但希望對方支付我的來回機票。因爲我認爲，要我演講，卻要我自付機票，有點不尊重演講者。三弟無奈地表示，這是大會的規定，不過，他願意自掏腰包幫我買來回機票。我雖然很感謝他的盛情，但爲了不欠他的人情，所以沒有接受。

不過，我卻提出一個折衷辦法。我說，我先提出演講大綱，待他們的決策小組審閱後，再決定是否補助我的機票費。結果，我的演講大綱寄出後不久，對方即答應我的要求，說會將機票寄過來。

例2、沒有溫豆漿？

某天我到一家早餐店用餐，點了一份火腿蛋三明治和一杯溫豆漿。沒想到店員說：「很抱歉，我們只有熱豆漿和冰豆漿。」我聽了一愣，然後說：「妳把熱豆漿和冰豆漿混合起來不就得了嗎！」店員啞然失笑說：「對喔！」

例3、這樣還不算「身障證明」？

據說，很久以前，國內某身障人士到他所居住的某一福利機構，準備申請身障補助款。當辦事人員要他出示身障證明時，該身障人士表明忘了帶。辦事人員說：「沒有身障證明不能辦！」身障人士說：「你沒有看到我拿著拐杖，一拐一拐地走進來嗎？」辦事人員依舊執意要看縣市政府發的身障證明。身障人士不得已捲起褲管說：「這樣總算可以證明我是身障人士了吧！」沒想到辦事人員還是不通融。

我認爲，辦事人員只要拍下他的身障特徵，附在申請表上不就行了嗎？那位辦事人員所犯的錯誤和上述那位會計人員一樣——不相信親眼所見的直接證據，只相信白紙黑字寫下的間接證據。

然而，我在國外時，卻曾聽說一個對於蒐集「證明」，採取較彈性、靈活且正確的作法。故事是這樣的：有位美國警察在巡邏時，看到有個人騎乘一輛腳踏車，右肩卻還扛著一輛特殊的腳踏車，覺得他行跡可疑，於是趨前詢問：「你右肩扛的腳踏車是哪裡來的？要做什麼用？」那個人說：「這輛車是我在某特技團表演所用的。」美國警察半信半疑地說：「那麼，請你秀一段給我看。」當警察看完那個人嫻熟、高超的表演立即放行，因他相信親眼所見，而不必再察看那個人的演員證。

例4、稍微轉了一個彎，就爲我省下百萬房價

二〇〇二年，我在淡大服務時，爲了方便起見，在淡大附近購屋。當時我們看中潤泰集團興建的一棟大樓其中一間，這間房子開價一坪十七萬。我費盡唇舌拉關係企圖殺價，但是任憑我說破嘴皮，他們就是堅持不降價。甚至撂下一句話：「十七萬已經是最低的了，如果你能問到我們曾賣過更低的價錢，那我就照那個價錢賣給你。」

我猜想，他們之所以毫不通融，大概是因爲這是與地主合建的房子，對地主而言，沒有資金的壓力，不必急於脫手。此外，潤泰是個財力雄厚的大財團，也不急於從這棟大樓謀利，所以不肯降價求售。

但不久即出現一個轉機。有一天，我到鄰近的正德國中參加研討會，休息時間碰到一位在該校服務的昔日學生。在言談中，這位學生告訴我，他已在我中意的那棟大樓買了三間房子。我詢問他的購買價格，他微微一笑說：「我不方便說。」我說：「你都已經買到了，告訴我也不會有任何損失呀！」他答稱：「我們一口氣買了三戶，因此賣方給我們特別的優惠，並要求我不要說出去。」

得到此一消息後，我暗自竊喜，再度回去找那家房屋仲介。我一見到上次那個售屋經理，即告訴他：「我已經探聽出，你們最低賣十四萬一坪。」他問我是誰說的？我只好掀出底牌說：「在正德國中服務的某某某是我的學生，他告訴我，他以一坪十四萬買到。」他先是一愣，後來又辯稱：「沒有錯，但是，他是一次買三戶，我們才賣他這個價錢。」我想了一下說：「你不肯以十四萬一坪賣給我一戶，如果我請他代買第四間，然後再轉賣給我，結果還不是一樣？」經過我這麼一說，經理想了一下後，無奈地說：「你這個人眞會動腦筋，好吧，就以十四萬一坪賣給你吧！」這一下子，我立刻少付了百萬元的房價。

例5、距離遠，感情近

約莫二十年前，我曾應吉林省東北師範大學教育學院馬院長之邀，前往參加該校舉辦的國際研討會。當我上臺演講時，我先感謝院長的邀請，接著說：「在地理位置上，臺灣與吉林兩地的距離，算是相當遙遠；但就心理層面來說，我卻覺得非常近。」

我之所以這麼說，是因爲在我漫長的求學生涯中，影響我最深、最疼愛我的就是，在臺中師範（相當於高中程度）曾經擔任我的導師兩年的崔蘊蘭先生。崔蘊蘭先生不只是吉林人，還曾經擔任過吉林省某縣縣長，並兼具律師的身分。

一九七一年我返臺結婚時，特地邀請崔蘊蘭老師列席主桌。遺憾的是，崔老師晚年不幸被一年輕人騎機車撞成重傷，並因而去世。臨死前，崔老師要求家人原諒肇事的年輕人，不予以追究。另外，據說，他生前有幾次義務爲學生辯護。他就是這樣一個有情有義的人。因此，他出殯那天，我們班全體同學，都爲他帶孝，送他最後一程。

由於和崔老師有極深的淵源，因此可以說，「我是吃你們吉林人的奶長大的。」當我在研討會會場說出這句話，全場爲之動容。倘若崔老師地下有知，得悉他的愛徒有天能夠回到他的故鄉，登上大學講堂發表學術演講，必定會引以爲傲……講到這裡，我的心湧入一股暖流，原本生疏的感覺，突然變成「你是我的兄弟」的感覺。

我的演講一結束，許多師生立即前來向我致意。當下我即領悟到，兩點之間最近的距離不是直線，而是曲線（迂迴）。無論這次的演講是否成功，單就促進兩岸人民心靈交流這一點來說，應是成功的。

例6、關鍵所在

早期國人看藝術表演有幾個不良的習慣，如先買便宜的票，然後等開演時，若前排有位子沒人坐，就會擅自換位子坐到前面。更糟糕的是，碰到表演節目非常精彩，有些觀衆爲了看得更清楚，不僅換到前面的空位，倘若已沒有座位，甚至還會坐在走道上。

碰到這種情形，比較負責的劇場管理人或節目主持人，則會在臺上要求觀衆守秩序，回到自己的座位。一般來說，這樣的婉言相勸，大都發揮不了什麼效果。要解決這種局面，最普遍的作法是動用所有的服務人員去驅離，但是這種作法也可能成效不彰。

爲什麼會如此呢？理由很簡單，因爲你是「寡不敵衆」。雖然，還有更大的「衆」（即那些沒有任意換座位的人），但是他們認爲事不干己，我還是可以「照看不誤」，所以不願出面協助制止。碰到此種困境，採取直接的對抗與規勸是無效的，這時就應該改採迂迴的作法解決。

如果管理人員夠聰明，這時他可以當衆宣布：「請大家合作，回到原位，否則不開演。」說完即立刻離開。如此一來，情境立刻轉換，原本的「寡」（管理人員）已經不存在，而相對於沒有換位子的人（即更大的衆），原本換位子、占據走道的人，這時便成爲「寡」了。

另外，原本認爲「事不干己」的人，現在因爲不開演就無法看表演，因此「事不干己」也變成「大有干係」了，所以必定會想盡辦法會協助驅離不守規矩的人。

此一解決方法告訴我們，不要執著於「一直想去控制無法控制的事物」，而要轉個彎，去控制可以控制的事物（如開啓布幕一事）。

十四、反詰法

有時候，我們碰到一個問題，不知如何解決時，可以採取「以子之矛，攻子之盾」的反詰法，化解困境。

例1、眞的「非筆墨所能形容」？

我們常聽到：「……非筆墨所能形容！」這一句話。這句話本身就很矛盾，因爲，你已經用「非筆墨……」來形容了！

例2、一旦說出口，就不再是秘密囉！

此外，我們常說：「我告訴你一個秘密，你絕對不能告訴別人！」這句話也很矛盾。因爲「秘密」是指不可告人之事，你既然可以告訴我，那就已經不是什麼秘密了。因此，我若將此一「秘密」再告訴別人，也就不算違反承諾了。

例3、「我要問什麼？」大哉此問！

中美復交不久，美國某大學教授訪問團，到中國大陸訪問，其中一個訪問點是北京大學。美國人性喜發問，訪問期間美國教授提出各式各樣的問題。訪問結束時，有位美國大學教授按捺不住心中的疑問，乃問負責接待的教授們：「我們此行提出許多問題問你們，但是你們卻沒有提出任何問題問我們。」頓時場面顯得很尷尬。後來，有位哲學系教授反問一句話：「請問你們，我們要問什麼？」這位哲學系教授的意思大概是在暗示，我們自己的問題都煩不完了，哪還有心思關心你們的問題？如果你們一定要我們問，我們就姑且問一句「有問等於沒有問」的問題。

第三章 對於培養國人有效分析及解決問題的幾點建議

要將國人從傳統的思考方式——正面看、表面看、單面看、直線看，轉向多元的創造思考，非一蹴可幾，而是要整個社會環境一起做長期的努力，始能竟其功。以下我分別針對政府、教育當局、學校、教師、家長及個人等方面，提出以下的建議。

一、對政府方面

充分尊重個人的言論及思想自由。近日衆說紛紜的司法單位對立法院及尋常百姓的非法監聽及竊聽，應該徹底檢討，追究眞相，以確保人民日後有免於恐懼的充分自由。

再者，政府應該徹底改進國內各機關的人事考核制度。按照一般的考核制度，只要沒有犯錯，考績就是甲等，這種設計只會助長公務人員「少做、少說、少錯」的守成態度，而無法激勵出敢於質疑、批評、提出建言的積極態度。

二、對教育當局方面

教育部及各縣市的教育主管單位，應徹底摒除一切求「統一」、處處要「一致」的作風。

例如：以前有統一教科書、聯考制度、制服、髮型，以及現行諸多統一的規定，如學費、上課及授課時數、課程綱要等。上述種種是否眞有統一的必要，有待進一步的檢討。

三、對學術團體方面

首先，論文發表應重質不重量。現況是，常常在一個場次中，論文發表數排得滿滿的，發表人與聽衆間幾乎沒有互相溝通的機會。我建議減少每場的論文發表數，並且每一場次應保留至少十五分鐘的討論時間，以擴增論文的深度與廣度。其次，發問時應該限制提問者一次只能提出一到兩個問題，以便給更多人發問的機會，若無其他人提問，才能有第二次發言的機會。此外，應儘量採取即問即答的方式，因爲如果採取綜合回答的方式，發表人容易避重就輕，無法刺激思考，提升論文品質。

四、對中小學方面

要放棄統一教學進度、統一考試（如模擬考、段考、月考）、統一命題等。尤其是信奉標準答案這件事，對學子的多元創造性思考的殺傷力最大，非全力鏟除不可！

五、對教師方面

首先要允許學生有犯錯的權利（當然，不能允許學生一錯再錯，或蓄意犯錯）。更重要的是，要鼓勵學生多元創造性思考。比方說，提問時，少問「What」（如歷史年代、人名、地名），而要多問「Why」（因果）、「How」（過程重於結果）。也就是，少問「聚斂性（convergent）問題」（有固定答案的問題），而要多問「擴散性（divergent）問題」（沒有固定答案，而有多種可能答案的問題）；少問「反射性」（reflexive），多問「反省性」（reflective）問題。

我認爲，一位優秀的教師，對於學生所問的問題，應給學生充分思考的時間；在教學上，歷程重於結果；不必有問必答，也不必有答必對。如果學生問得不得體，也不要當場批評他或羞辱他，可改以委婉的口吻問：「那你的意思是不是……」（以較妥切的問話方式，代替學生把問題明確地說出來。）具體說來，你可以採取下列的回應方式：先反問學生：「你爲什麼會想到這個問題？」或「你自己認爲怎樣才對呢？」也可以先回答一半，然後問學生：「你再想想看，還有哪些可能的理由和答案？」或請其他學生代爲回答。

六、對媒體方面

以前的電視媒體，經常製作播放益智性節目，要觀衆當場回答問題，優勝者可獲得豐厚的獎金。我發現，雖然打著「益智性」節目的旗幟，但其實大都是記憶性的「常識」（common sence）及少數「知識」（konwledge）性題目，談不上「智慧」（wisdon）的啓發。

此外，媒體常報導官員的政治煽動語彙，如「好不好？」、「對不對？」，電視節目主持人本身也常這麼問。事實上這種問題根本無法刺激思考。若眞的想刺激對方思考，應該是問：「你爲什麼認爲好（或不好）？」或者問：「要怎樣才能變得比較好？」

關於平面媒體方面，每到考試院舉行國考期間，許多大報都會刊載各科狀元如何做筆記及背誦，卻沒有談到他們如何組織、統整、應用知識，更鮮少提到任何創新突破的方法。

七、對家長方面

父母應該多傾聽、尊重孩子的意見，切莫事事想替孩子做決定，也不要老是告訴小孩：「你只要好好讀書，拼出好成績，其他什麼事都不要管。」而要儘量提供孩子獨立、多元發展的機會。

八、對個人方面

要培養自信心，不要怕失敗，因為成功，大半是從失敗中汲取教訓而得。要不恥「上問」、「他問」。常常問問題的人並非愚蠢，反而是一個聰明、會思考的人。想想看，提出「蘋果怎麼會掉到地上」的牛頓，難道是個蠢才嗎？

結 語

在本文正式結束前，我還有幾句話要向讀者叮嚀。首先，以上所談的幾十個看待問題和解決問題之道，終究是一些原則性的提示與實用上的實例。惟因每個人在實際生活上遇到的問題，一定是形形色色，不一而足，所以，如何在實際情境中，有效地解決各人問題，那就必須靠讀者就問題的性質細加揣摩，然後運用上舉諸原則，試圖自行解決。所謂運用之妙，存乎一心。相信只要讀者用心多試幾次，最後必能熟而生巧，化解困厄。

其次，雖然我對上述原則的敘述採分項敘述的方式，但在實際運用時，卻可同時運用兩個以上的原則去解決同一個問題。例如：「從目的看」的第六例〈見本書第二十六頁〉，我談到政大附小設立迷你銀行一事。對此，我是採取兩種看法加以批判，一是「從目的看」，學校設立迷你銀行，不是爲了營利而是旨在培養小學生儲蓄的習慣；此外，我又採取「從定義看」去批判該問題。所謂儲蓄（saving），即是把未用完的零用錢存起來，而非把零用錢全部花完後，另外再向父母親要錢去存。

此外，「從反面看」的第二十例〈見本書第四十七頁〉，提及新竹市民要求廢除「新竹科學園區實驗中學」一事。我同時採取了三個原則加以反對，一是「從目的看」，當初設立竹科中學最重要的目的，是在延攬並留住高級科技人才，至於他們的子女畢業後百分之九十以上都離開臺灣，回到原居地，那又有何妨，不能以此做爲反對的理由；二是「從反面看」。反對者說，雙語教學的竹科中學學生享有一些特權，如不必另外花錢就能全程學習英文，以及免試升學（國中部的學生可直升高中）。我認爲，這兩個所謂的「特權」，只是從反對者的角度看，但就那些學生而言，那是他們應享的權利，因爲他們若繼續留在美國，照樣可以免費學英文，可以免試升學。若要這些孩子回到臺灣後，還要另外花錢去強化他們的英語（他們之中有九成以上還是會回美加等原居地升學），並參加國內以中文爲主的升學考試，那才是眞正對他們不公平；三是從「長期看」。當時，爲了降低反對聲浪，及改善與社區的關係，我曾經向竹科高中的學生和家長建議，擅長英語及理科的學生，甚至學生家長，可主動且免費爲附近的弱勢國中生，補習英語與數理科。初聽到這個建議，竹科學生和家長也許會反對，因爲這樣一來，會占用他們的時間。但就長期來看，這對於將來他們回到原居地是非常有利的。因爲在美加申請大學時，美加大學都非常重視學生社區服務的表現。

再者，當前國內教育政策之中，爭議最多的莫過於十二年國教的問題。此一政策立意良善，基本上我是贊成的，但若從「問題面面觀」的角度來看，卻仍有一些改善的空間。

若從「定義看」，十二年國教所使用的一些名詞或概念，有如下的幾個問題：

第一，它使用了「國民基本教育」的名稱，以示有別於九年「國民教育」。教育部之所以加上「基本」二字，用意在於強調，九年國民教育是義務、強迫教育，但是十二年國民教育，因無法做到義務、強迫，所以加上「基本」，以示並無強迫性。

我的看法是，基本的英文是「basic」，即「必須」、「最低條件」、「不可或缺」的意思。教育部怎可既使用「基本」二字，又說不是必須的？這根本是說不通，且畫蛇添足。

第二，十二年國教原先的規劃是免收學費，後因財源不足，又定了一個「排富條款」，言明學生的家庭，若年收入在一百四十八萬元以下即免收學費，而一百四十八萬元以上則要收學費。

這種一刀切的做法滋生了幾個問題：

1. 富裕與否怎麼能夠以一百四十八萬元爲界線？
2. 許多人批評，年收入一百四十八萬元只能算是中等收入，談不上富裕；
3. 如果比一百四十八萬元多個幾萬，就變成富有，顯然無法說服大衆。
4. 教育的主要功能之一就在消除階級意識，一旦訂定「排富條款」，反而造成富裕與貧窮兩種階級。

倘若政府眞的因爲財政困難，無法提供全國高中職學生免學費，至少可以不使用

「排富」兩個字，而改用「分距補助」一詞。如此不但家長較能接受，社會觀感也好多了。因爲人人都不喜歡被排除，但是補助卻受到大家歡迎；而且，「分距補助」是按收入級距補助，收入愈少則補助愈多，甚至全額補助；而收入愈高則補助愈少。

另外再從「分開看」的角度來看，我不贊成對於收入在頂端者完全不予補助。因爲在國民教育階段，免學費是所有家長與學生的權利，它不是一種福利。如果是福利，那就不一定要給，端視政府財源充足與否而定；如果它是一種權利，那就是不可剝奪的。雖然有人會質疑，有錢人已經那麼有錢，爲什麼還要補助他們學費？關鍵在於，有錢人已經在其他課稅項目（如奢侈稅、所得稅、遺產稅等等）繳交高額的稅款，實不應再剝奪富人免學費的權利。如果有人認爲，那些額外的課稅，還是不足於拉近貧富差距，那麼立法院儘可透過適當的立法，增加新稅目，向富人徵稅，但就是不應該剝奪他們享受國民教育免收學費的權利。

以上所舉十多個思考的原則，主要是用在對「事」的分析與解決之上，至於對「人」，尤其是對家人和弱勢者，則還是應該儘量與人爲善，寬以待人，得饒人處且饒人；而不要咄咄逼人、事事凌人。

最後，當讀者一旦修成正果，你只能將這個功夫，正用在保護自己的權益，以及為社會伸張正義，而千萬勿誤用於投機取巧、圖謀不詭，及損人利己的勾當上。

附錄　古今中外有關思考、發問，及解決問題的名人語錄

國外

1. 我不教任何人任何東西，我只是促使他們思考。——蘇格拉底
2. He who questions nothing, learns nothing.
3. 聰明人不給正確的答案，而會提出適切的問題。——克勞德．列維史特勞斯
4. To hear, and you forget; To see, and you remember; To think, and you understand.
——Chinese proverb.
5. 好問的人只做了五分鐘的愚者，而恥於發問的人則終身爲愚者。——Chinese proverb.
6. 應授人以思考之「術」，而不可授人以思考之「事」。——德國建築家
7. 每個孩子都有權學習，但學校卻沒有權教答案。——丹麥教育哲學家

8. 若要正確地觀看各種事物，唯一的方法即是觀察事物的整體。——英國羅斯金

9. 最大的困難不在於發展新觀念，而在於跳脫舊觀念。

10. 學問之道無他，「問」而已矣。——英國詩人彌爾頓

11. 提出一個問題往往比解決一個問題更重要，因爲解決問題也許僅僅是一個教學上或實驗上的技能而已；而提出新的問題、新的可能性，從新的角度去看舊的問題，卻需要有創造性的想像力，而且標誌著科學的眞正進步。——愛因斯坦

12. 沒有想像力的靈魂，就像沒有望遠鏡的天文臺。——愛因斯坦

13. 學習知識要善於思考，思考，再思考，我就是靠這個方法成爲科學家的。——愛因斯坦

14. 思想偉大，行爲必然高尚。——希臘荷馬

15. 思想永遠是統治者。——柏拉圖

16. 我永遠認爲，最好的猜測者就是最好的預言家。——羅馬西塞羅

17. 活著就是思索。——羅馬西塞羅

18. 爲了能夠做眞實和正確的判斷，必須使自己的思想擺脫任何成見和偏執的束縛。——俄國羅蒙諾索夫

19. 語言屬於一個時代，思想屬於許多時代。——俄國卡拉姆辛

20. 重要且困難的工作，從來不是尋找正確解答，而是發掘正確的疑問。——杜拉克

21. 要是我能找到正確的疑問就好了。——愛因斯坦

22. 智慧來自懷疑。——蘇格拉底

國內

1. 博學、審問、愼思、明辨、篤行。——中庸

2. 君子尊德性，而道問學。——中庸

3. 一個人最大的問題，即在於他不知道或不肯承認自己有問題。

4. 學而不思則罔，思而不學則殆。——論語・爲政

5. 解決問題之前，必先釐清問題。

6. 學問學問，要「學」就要「問」。
7. 良師不僅要能「解惑」，更要能「起惑」。

博雅文庫・好書推薦

人類面臨的重大問題

李家同 著/書號RI11/280元

■國家文官學院102年度公務人員專書閱讀推廣活動推薦延伸閱讀書目

作者擔憂當前社會的道德、正義、國際局勢、政治、教育、環境等各項問題，於是提出他的關切與呼籲。作者認爲，人類的確面臨了很多嚴重的問題，但是只要去面對，就能找到解決之道。

大量閱讀的重要性

李家同 著/書號RI06/250元

■2011行政院新聞局第33次中小學生優良課外讀物推介・人文類推介書目

爲什麼要大量閱讀？什麼才是眞正的閱讀？大量閱讀可培養哪些能力？要選擇哪些讀物？基礎得靠閱讀來奠定，大量閱讀，是基礎教育的起點。

博雅文庫・好書推薦

李安的電影世界

The Philosophy of Ang Lee

李政賢 譯/書號RA22/450元

本書廣邀多國電影研究學者，探索李安電影世界蘊含的東、西方視野。書中各章不僅援引古今哲學傳統，也觸及當今新興思潮，透過各種不同主題導向，透視李安作品的多元文化源流。讓讀者在飽覽電影之外，也能體會其中發人深省的豐富人文意境，進而啓迪吾人反思切身處境，以及探索宇宙眞理之道。

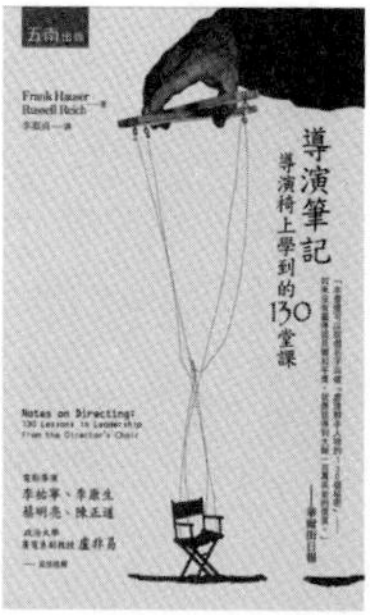

導演筆記：導演椅上學到的130堂課

Notes on Directing: 130 Lessons in Leadership from the Director’s Chair

李淑貞 譯/書號RA15/250元

當所有的書都強調嚴肅性時，英國傳奇舞台劇法蘭克・豪瑟這本廣受好評的書，讓讀者可以在輕鬆雋永的130則短文中，體會當一個成功導演的秘密。對年輕的學生或新進入表演的生手來說，這本書提供的不是生硬的理論，而是一位優秀導演如何成功的私房密笈。不論是對舞台劇或是電視電影的劇情片，本書都有許多值得參考的內容。

博雅文庫・好書推薦

科技奴隸

TECHNOPOLY: The Surrender of Culture to Technology

何道寬 譯/書號RI04/280元

■國家文官學院102年度公務人員專書閱讀推廣活動推薦延伸閱讀書目

「科技發展」有如人定勝天，只要有科技，所有事物都是可以改變的，但波斯曼擔心的是人在運用科技改變事物的同時，也被技術制約，成爲科技的奴隸。

我們現在沒有辦法想像沒有電腦、電視、手機等科技產物的日子，就如同我們忘記過往諸多思想家在簡陋的物質環境中可以完成至今影響深遠的作品。

給年輕記者的信

Letters to a Young Journalist

梁岩岩、王星橋 譯/書號RI05/220元

■2010中時開卷：年度十大好書．翻譯類入圍

對於新聞媒體的八卦和不正確報導，已偏離社會認知與充滿道德的爭議性，本書是新聞界的良知典範，也是新近從業人員學習的指南。

博雅文庫・好書推薦

人與空間的對話：漢寶德看建築

漢寶德 著/書號RA13/300元

本書是以一般讀者爲對象，首先介紹這建築的來龍去脈。建築是一種理性爲基礎的藝術，簡單的說明結構或功能是免不了的，但爲了減少太過理性的感覺，作者在行文間總是以遊記的方式敘述，增加些故事性。只是對於缺乏美感素養的人，只靠說是沒有用的。所以一定要對照相片，希望引起讀者的共鳴，幫助讀者體會到美感，相信本書有助介紹建築美感的著作能夠多被注意到。

漢寶德的人文行腳

漢寶德 著/書號RY02/250元

本書是作者作爲一個建築人的立場，在繁忙的生活中對人文現象的關注，先後發表在「大地」、「探索」、「當代設計」的專欄選集。這類感懷性的短文可以更直接看出作者的思想脈絡，因爲這些園地允許作者隨興振筆直書，不必考慮媒體的立場，不必有發表評論意見的顧忌。本書內容可以大分爲建築、文化與環境。

博雅文庫 105

創意思考：問題面面觀

作者　黃炳煌（302.9）
發行人　楊榮川
總編輯　王翠華
主編　陳念祖
責任編輯　李敏華
封面設計　童安安

出版者　五南圖書出版股份有限公司
地址　106台北市和平東路二段339號4F
電話　（02）2705-5066
傳真　（02）2709-4875
劃撥帳號　01068953
戶名　五南圖書出版股份有限公司
網址　http://www.wunan.com.tw/
電子郵件　wunan@wunan.com.tw
法律顧問　林勝安律師事務所　林勝安律師
出版日期　2014年9月初版一刷
定價　新臺幣250元

國家圖書館出版品預行編目資料

創意思考：問題面面觀 / 黃炳煌著. -- 初版.
-- 臺北市：五南, 2014.09
面；　公分
ISBN 978-957-11-7718-2(平裝)

1. 創造性思考

176.4　　103013681